전인적 리더를 세우는 7Q 루틴 훈련

7Q 셀프 리더십 학교

7Q 리더십 지도사 1급 훈련 워크북

글 • 홍영기 박사

7Q리더십연구원

저자 서문 — 홍영기 박사

GLIM(글로벌리더십선교회) 대표
/ 『7Q 리더십』 창안자 / 7Q리더십연구원 대표원장

7Q SELF-LEADERSHIP ACADEMY

에릭 리들(Eric Liddell, 1902-1945)은 1924년 파리 올림픽 400m 금메달리스트이자, 스코틀랜드가 낳은 존경받는 크리스천 선교사였습니다. 그는 선교사 부모님을 따라 어려서부터 중국에서 자라며 복음의 가치를 삶으로 배웠습니다. 세계적 영광을 누린 후에도 그는 매일 아침 기도와 말씀으로 자신을 세우고, 몸을 단련하며, 이웃을 섬기는 삶의 루틴을 지켰습니다. 그에게 성공이란 기록을 세우는 것이 아니라 하루를 하나님께 드리는 것이었습니다.

제2차 세계대전이 일어난 후 그는 일본군에 의해 중국 산둥성의 위이시엔(Weihsien) 포로수용소에 억류되었습니다. 그러나 그곳에서도 그는 자신의 루틴을 결코 멈추지 않았습니다. 아이들을 가르치고, 아픈 이들을 돌보고, 공동체를 세우는 일상을 묵묵히 이어갔습니다. 수용소에서 그의 건강은 급격히 악화되었고 1945년 2월 21일, 그곳에서 영광스러운 생을 마감했습니다. 동료들은 그가 마지막 순간에 "It's complete surrender"(전적인 맡김)이라고 고백한 것으로 기억합니다. 그 말은 남은 순간과 삶 전체를 하나님께 온전히 내어드린다는 전적인 신뢰의 선언이었습니다. 에릭 리들의 리더십은 큰 무대에서가 아니라 매일의 작은 실천 속에서 드러난 믿음의 리더십이었습니다. 그의 이야기는 오늘 우리에게 묻습니다. "리더인 당신은 오늘 어떤 루틴으로 하나님 나라를 세우고 있습니까?"

오늘날의 리더십은 단지 조직을 운영하는 능력이나 사람을 이끄는 카리스마에 머물지 않습니다. 진정한 리더십은, 자신을 다스리는 내면의 질서에서 시작됩니다. 변화와 혼란의 시

대에 흔들리지 않고 서 있기 위해서는 매일의 반복 속에서 자신을 다듬는 훈련이 필요합니다. 셀프 리더십은 일상의 루틴 안에서 내면의 힘을 기르는 영적 여정입니다.

『7Q 셀프 리더십 학교 – 전인적 리더를 세우는 7Q 루틴 훈련』은 이러한 내면 훈련을 위한 실제적인 매뉴얼입니다. 본 교재는 영성(SQ), 긍정성(PQ), 지성(IQ), 인성(CQ), 사회성(NQ), 전문성(EQ), 체력(BQ)의 7가지 영역을 중심으로, 말씀과 실천, 훈련과 선언, 성찰과 나눔이라는 통합적 틀 안에서 전인적 성장을 안내합니다. 7Q는 단순한 자기계발 프로그램이 아닙니다. 7Q는 내면의 사명을 삶으로 구현하는 실천 훈련이며, 하나님께서 부르신 자리에서 '어떻게 살아갈 것인가'를 묻는 제자도의 여정입니다. 이 여정은 개인의 성장에 그치지 않고, 교회와 공동체, 그리고 다음 세대를 세우는 사명으로 확장됩니다. 7Q는 일회성 교육이 아닌, 삶의 방식이 되어야 할 '거룩한 루틴'입니다.

이 교재는 리더의 일상에 뿌리내린 실천을 중심으로, 영성과 실력을 겸비한 차세대 리더를 위한 나침반이자 훈련 도구가 될 것입니다. 말씀에 뿌리내린 SQ를 중심으로, PQ에서 BQ까지 이어지는 전인적 성장 루틴은 자기 자신을 하나님 앞에 세우는 '성숙의 길'로 여러분을 인도할 것입니다. 이 책은 단지 지식을 전하는 교재가 아닙니다. 당신의 삶을 변화시키고, 사명을 다시 세우며, 하나님 앞에서 '제자로 살아가는 일상'을 회복하는 여정의 나침반입니다. 오늘, 당신도 이 거룩한 루틴의 여정에 발을 내딛어 보십시오. 매일 10분의 훈련이, 평생을 바꾸는 하나님의 부르심으로 연결될 것입니다.

저는 이 교재가 수많은 리더들의 삶을 다시 세우는 도구가 되기를 간절히 기도합니다. 날마다 말씀과 기도로 영혼을 훈련하고, 긍정과 지혜로 사고를 정돈하며, 성품과 관계, 전문성과 체력을 균형 있게 세워가는 이 여정을 통해, 하나님 앞에 쓰임받는 진정한 셀프 리더로 세워지시기를 소망합니다. 여러분의 삶과 사역 위에 하나님의 은혜와 기름 부으심이 충만히 임하시기를 축복합니다.

워크북(교재) 활용 가이드
How to Use This Workbook

이 워크북은 단순한 이론서가 아니라, 자기 훈련과 나눔, 리더십 실천을 위한 전인적 루틴 훈련서입니다. 이 책은 묵상, 적용, 점검, 선언, 소그룹 나눔까지 전 과정을 친절하게 안내하며, 다음과 같은 방식으로 활용할 수 있습니다.

1. 개인 묵상 및 성장 루틴으로

- 하루에 한 Q씩 읽고, 각 장의 도입 예화와 묵상 질문으로 하루를 시작하세요.
- '적용 정리'와 '하루 실천 루틴'을 통해 작은 실천을 기록하고 반복해 보세요.
- '루틴 선언문'을 통해 자기다짐과 기도 루틴을 세우는 데 활용하세요.
- 부록 A1의 30일 루틴 플래너를 함께 사용하면 실천 습관이 구체화됩니다.

2. 소그룹 모임 교재로

- 각 장의 도입 질문과 감동적인 예화를 함께 나누며 자연스럽게 대화를 시작하세요.
- 지난주의 루틴 실천 경험을 나누고, 이번 주 실천 루틴을 함께 정해 공유해 보세요.
- '소그룹 리더 가이드'와 Q별 대화 주제, 기도문을 참고해 공동체 속 실천을 이끌어 보세요.
- '가장 작게 실천한 변화'에 집중하면 참여자들의 부담을 줄일 수 있습니다.

3. 리더십 및 제자훈련 교재로

- 각 Q 영역을 주간 또는 월간 단위로 집중 훈련 과정으로 구성할 수 있습니다.
- 실천 후 '워크북 과제'를 통해 자기 성찰, 루틴 정비, 성장 기록이 가능합니다.

- 부록 A2(루틴 점검표), A3(실천 진단표)와 함께 사용하면 효과적인 훈련 진행이 가능합니다.
- 교육 리더는 그룹의 상황에 맞게 실천 목표와 나눔을 조정해 보세요.

추천 활용법 요약표

『7Q 셀프 리더십 학교』 워크북을 효과적으로 사용하는 3가지 방식

대상	주요 활용 방식	주기
개인	하루 1Q 묵상 + 적용 과제 + 선언 루틴	매일
소그룹	도입 예화 나눔 + 실천 루틴 공유 + 공동 기도	매주
리더십 훈련	각 Q별 집중 훈련 + 진단표 및 플래너 활용	월별 또는 분기별

루틴은 지식이 아닌 실천입니다. 당신의 오늘 루틴이, 내일의 리더십을 만듭니다.

목차
Table of Contents

7Q SELF-LEADERSHIP ACADEMY

PART 1

셀프 리더십의 시대와 7Q 통합 프레임워크

제 1장   셀프 리더십의 의미와 신학적 기초

"습관은 정체성을 만들고, 정체성은 리더를 세운다."
Habits shape identity; identity shapes leadership.

연결 독서   『7Q 셀프 리더십의 톱날을 갈아라』 제1장

요약 메시지   셀프 리더십은 하나님 앞에서 자신을 세워가는 영적 여정입니다.

독서 제안   단행본의 회복 메시지를 바탕으로 셀프 리더십의 정의와
신학적 기초를 함께 학습해 보시기 바랍니다

    깊은 산 속, 두 명의 나무꾼이 하루 동안 나무를 베는 시합을 하게 되었습니다. 한 사람은 아침 일찍부터 저녁까지 단 한 번도 쉬지 않고 도끼질을 계속했습니다. 반면 다른 사람은 일정한 시간마다 잠시 멈추어 무언가를 했습니다. 이를 본 첫 번째 나무꾼은 속으로 비웃었습니다. "나는 한 시도 쉬지 않고 일하는데, 저 사람은 왜 자꾸 쉬는 거지?"

    하지만 해가 질 무렵, 두 사람이 벤 나무의 양을 비교해보니 놀라운 결과가 나왔습니다. 꾸준히 쉬지 않고 일한 나무꾼보다, 틈틈이 쉬어간 나무꾼이 훨씬 더 많은 나무를 벤 것이었습니다. 비결은 무엇이었을까요? "나는 단지 쉰 것이 아닙니다. 그 시간마다 도끼의 날을 갈고 있었습니다." 그의 대답은 단순하지만 깊은 교훈을 담고 있습니다.

    우리의 인생과 사역도 마찬가지입니다. 열심보다 중요한 것은 '톱날을 가는 루틴', 즉 자기 점검과 회복입니다. 이것이 깊고 오래가는 리더십의 비밀입니다.

1. 셀프 리더십이란 무엇인가?

셀프 리더십(self-leadership)은 자신을 인식하고 내면의 동기를 일으켜, 삶의 방향을 주도하는 능력입니다. 단순한 통제나 습관 관리가 아닌, 자기 인식(self-awareness), 자기 동기화(self-motivation), 그리고 자기 확장(self-expansion)이라는 세 가지 요소를 포함하는 통합적 개념입니다. 여기서 자기 확장이란, 하나님의 새로운 부르심에 응답하여 자신의 사명과 삶의 영역을 넓혀 가는 성장 지향적 태도를 의미합니다.

기독교적 셀프 리더십은 성령의 도우심 안에서 자신을 훈련하며, 하나님의 말씀과 기도로 내면을 세워가는 전인적인 경건의 훈련입니다. 예수님은 "누구든지 나를 따라오려거든 자기를 부인하고 자기 십자가를 지고 나를 따를 것이라"(막 8:34)고 하셨습니다. 이는 단순한 명제가 아니라 자기 부인의 실천이 곧 진정한 리더의 출발임을 의미합니다. 참된 리더는 먼저 자기 자신을 하나님의 사명을 향해 인도할 줄 아는 사람입니다.

2. 왜 셀프 리더십이 필요한가?

지금 시대의 리더십 위기는 지식보다 내면의 부재에서 시작됩니다. 팬데믹 이후 세상은 자기 주도성과 회복력을 지닌 리더를 요구합니다. 이는 바울이 강조한 자기 절제, 루틴화된 훈련과도 맞닿아 있습니다. 바울은 "내가 내 몸을 쳐 복종하게 한다"(고전 9:27)고 고백하며, 사명을 완수하기 위한 자기 훈련의 중요성을 강조했습니다. 셀프 리더십은 단기간의 감정적 결단이 아니라, 매일 반복되는 삶 속에서 길러지는 훈련된 습관입니다. 지속 가능한 리더십은 자신을 인도할 수 있는 내적 질서에서 시작되며, 이는 곧 하나님 앞에서 자신을 연단하는 제자의 길과도 같습니다.

3. 예수님의 셀프 리더십

예수님은 광야에서의 금식, 이른 새벽의 기도, 제자 양육을 위한 철저한 준비를 통해 셀프 리더십의 전형을 보여주셨습니다. 그는 하나님의 뜻에 따라 스스로를 비우고, 순종하며, 자기 내면을 정돈하셨습니다. 이러한 예수님의 모습은 오늘날 리더들에게도 강력한 자기 리더십의 본보기가 됩니다. 예수님은 철저한 자기 관리를 통해 하나님과의 관계, 공동체 내 소통, 세상 속 사명의 균형을 이루셨습니다. 오늘날 우리의 리더십도 이러한 내적 루틴 위에 세워져야 합니다. 오늘날 리더들도 예수님의 리듬처럼 '고요 속의 자기 정돈'을 실천해야 합니다.

4. 7Q 셀프 리더십 훈련의 신학적 기초

7Q란 영성(SQ: Spirituality Quotient), 긍정성(PQ: Positivity Quotient), 지성(IQ: Intelligence Quotient), 인성(CQ: Character Quotient), 사회성(NQ: Network Quotient), 전문성(EQ: Expertise Quotient), 체력(BQ: Body Quotient)의 7가지 전인적 리더십 영역을 말합니다. 각 Q는 삼위일체 하나님의 속성과 성경의 핵심 원리를 반영합니다. 영성과 긍정성, 지성과 인성, 사회성, 전문성과 체력은 하나님의 형상(Imago Dei)을 닮아가는 전인적 성숙의 길입니다. 이 훈련은 단지 기능적인 자기계발이 아니라, 하나님 나라 백성으로서 부르심을 받은 자들이 감당해야 할 '제자의 삶의 방식'입니다. 성경은 반복적으로 자기 훈련, 절제, 내면의 질서에 대한 중요성을 강조합니다. 바울은 디모데에게 "경건에 이르도록 네 자신을 연단하라"(딤전 4:7)고 권면합니다.

7Q 훈련은 성경에 기초한 전인적 자기 훈련이며, 각 Q는 삼위일체 하나님의 속성과 성경 원리를 반영합니다. SQ와 PQ는 성부 하나님의 영성과 뜻을, IQ와 CQ는 성자 예수님의 지혜와 인격을, NQ·EQ·BQ는 성령 하나님의 공동체성·능력·회복 사역을 상징하며, 이는 곧 하나님의 형상을 회복하고 부르심에 응답하는 전인적 제자도의 실천 구조입니다.

- SQ는 영과 진리로 예배하라는 말씀(요 4:24)에 기초합니다.
- PQ는 모든 것이 합력하여 선을 이룬다는 약속(롬 8:28)에서 비롯됩니다.
- IQ는 지성이 단순한 정보 축적이 아니라, 하나님의 뜻을 올바르게 분별하고, 진리를 삶에 적용하는 통찰력임을 보여줍니다(잠 4:7; 롬 12:2; 약 1:5).
- CQ는 이웃 사랑과 용서, 그리고 성령의 열매(갈 5:22-23)를 반영합니다.
- NQ는 공동체 훈련의 원리(마 22:39, 엡 4:3)를 따릅니다.
- EQ는 자기계발의 사명(잠 4:7, 롬 12:2)과 '자신을 하나님 앞에 부끄럽지 않은 일꾼으로 드리라'(딤후 2:15)는 사명적 전문성의 부르심을 기반으로 합니다.
- BQ는 우리의 몸이 하나님의 영광을 위한 도구임을 강조합니다(고전 6:19).

5. 셀프 리더십은 실천: 반복 가능한 루틴 만들기

셀프 리더십은 단순한 의지의 문제가 아니라, 반복 가능한 일상의 루틴 속에서 형성되는 훈련입니다. 아무리 좋은 생각이나 결단도 행동으로 옮기지 않으면 변화로 이어지지 않습니다. 그렇기에 셀프 리더십의 시작은 작지만 구체적인 실천에서 출발해야 합니다.

예를 들어, 하루 10분 말씀을 묵상하거나, 하루에 한 번 감사한 일을 기록하고, 일주일에 한 번 읽은 책의 내용을 요약해보는 것도 훌륭한 루틴이 될 수 있습니다. 중요한 것은 꾸준함과 지속성입니다. '한 번 잘하는 것'보다 '매일 조금씩이라도 실천하는 것'이 더 강력한 변화를 만들어냅니다.

7Q 실천 루틴 예시

Q 영역	루틴 명칭	구체적 실천 예시
SQ (영성)	아침 말씀 묵상 루틴	아침에 말씀 한 구절을 읽고 기도문으로 적용해보세요. (SOAP - 말씀,관찰,적용, 기도 활용)
PQ (긍정성)	감사 정돈 루틴	하루에 감사 3가지를 생각하며 마음을 정리하세요. 긍정 언어로 고백하면 더 효과적입니다.
IQ (지성)	지적 성장 루틴	매주 한 번 신앙 서적을 읽고 요약 정리하며 적용 질문을 만들어보세요.
CQ (인성)	감정 일기 루틴	자기 전, 하루를 돌아보며 감정 일기 3줄을 정직하게 작성해보세요.
NQ (사회성)	회복 대화 루틴	소그룹 전후 또는 갈등 상황 후, 감사 메시지 또는 회복 대화를 시도해보세요.
EQ (전문성)	사역 점검 루틴	사역이나 업무 후 피드백을 작성하고 자기 점검 일지를 기록하여 실행력을 돌아보세요.
BQ (체력)	건강 루틴	일주일 3회, 건강한 식단과 운동 루틴(예: 30분 걷기, 물 2L 섭취)을 실천하세요.

루틴은 변화의 씨앗입니다. 습관은 열정보다 오래갑니다. "하루 10분의 루틴은 인생을 바꾸는 영적 훈련입니다." 하루 10분 루틴이 1년이면 60시간 이상의 집중 훈련이 되고, 그것이 곧 나를 이끌고 공동체를 세우는 힘이 됩니다. 이 교재는 각 Q영역별로 적용 가능한 루틴, 선언문, 훈련 과제를 제시하며, 일상 속에서 훈련의 근육을 키워가는 실제적인 여정을 안내합니다.

• 적용 정리

리더는 다른 사람을 이끌기 전에 자기 자신을 이끌 줄 아는 사람이어야 합니다. 셀프 리더십은 타고나는 것이 아니라, 매일의 실천 속에서 길러지는 훈련 가능한 능력입니다. 오늘날의 리더에게 필요한 것은 단순한 지식이 아니라 지속 가능한 루틴, 그리고 그 루틴을 통해 다듬어진 내면의 질서입니다.

• 성찰과 적용 과제

1. 최근 한 주간 나의 셀프 리더십 루틴을 돌아보며, 가장 잘 실천된 루틴과 부족했던 루틴을 각각 기록해보세요.

2. 지금 내 삶에서 가장 무뎌졌다고 느끼는 Q영역을 하나 선택하고, 회복을 위한 작은 루틴 1가지를 구체적으로 계획해보세요.

3. 아침–점심–저녁으로 나의 하루를 점검할 수 있는 '1일 루틴 체크표'를 만들어 실천하고, 느낀 점을 요약해보세요.

• 실천 루틴

– 아침 루틴: 기상 후 말씀 1구절 묵상 + 오늘의 소명 선언
– 점심 루틴: 감사 3가지 적고, 자신의 감정 상태 한 줄 기록
– 저녁 루틴: 오늘 실천한 루틴 1가지 체크 및 짧은 기도
– 주간 루틴: 하루에 한 번 Q 영역별 루틴 실천해보기

• 소그룹 나눔

1. 최근 나의 리더십이 무뎌졌다고 느낀 적이 있다면, 언제였고 왜였나요?

2. 내가 가장 잘 실천하고 있는 셀프 리더십 루틴 하나는 무엇이며, 어떤 변화가 있었나요?

3. 나에게 필요한 '톱날 가는 루틴' 하나를 실천한다면, 어떤 것이 가장 시급하다고 느끼시나요?

• 셀프 리더십 성장 선언문

"나는 나 자신을 하나님 앞에서 정직하게 돌아보고, 매일 내 삶을 훈련하며, 사명 있는 루틴으로 살아가겠습니다. 셀프 리더십은 하나님께 나를 드리는 훈련입니다."

• 오늘의 리더십 명언

"리더십은 '먼저 나 자신에게 묻는 용기'에서 시작된다."

– 홍영기

"기도는 내가 하나님을 바꾸는 것이 아니라, 하나님이 나를 바꾸는 시간이다."

– 코리 텐 붐 (Corrie ten Boom)

7Q 셀프 리더십의 구조와 실제 적용

"7Q는 당신의 전인적 리더를 깨운다."
7Q awakens your whole-person leadership

연결 독서　　『7Q 셀프 리더십의 톱날을 갈아라』 제2장

요약 메시지　　7Q는 전인적 리더를 세우는 통합적 프레임입니다

독서 제안　　단행본의 핵심 구조를 기반으로 각 Q의 영역을 실제 삶에 어떻게 적용할 수 있는지 점검하시기 바랍니다

세계적인 보석감정사 한 명이 있었습니다. 어느 날 그는 보석학교에서 학생들에게 실제 다이아몬드를 보여주며 이렇게 질문했습니다. "이 다이아몬드가 빛나는 이유는 무엇일까요?" 학생들은 다양한 답을 내놓았습니다. "순도요." "크기요." "가공 기술 아닐까요?" 그 중 한 학생이 조심스럽게 말했습니다. "반짝임이요."

감정사는 미소 지으며 고개를 끄덕였습니다. "맞습니다. 다이아몬드는 빛을 반사하는 각 면이 정교하게 깎여 있을 때, 가장 아름답게 반짝입니다. 만약 7개의 면 중 한 면이라도 제대로 다듬어지지 않으면, 그 빛은 흐려지고 맙니다." 그의 말은 단순한 보석학 강의를 넘어, 삶에 대한 깊은 통찰을 전하고 있었습니다.

다이아몬드는 일곱 면이 정교하게 깎여야 빛을 발합니다. 리더십도 마찬가지입니다. 영성, 긍정성, 지성, 인성, 사회성, 전문성, 건강—이 모든 면이 고르게 연마될 때 오래 빛납니다.

7Q 셀프 리더십은 바로 그런 균형 잡힌 연마의 틀입니다. 당신 안에 감춰진 리더십의 다

이아몬드를, 일곱 개의 면을 통해 정밀하게 갈아내는 훈련입니다. 지금 당신의 리더십은 어떤 면에서 가장 빛나고 있나요? 또 어떤 면이 아직 깎이지 않은 채 남아 있나요?

1. 지금 리더로서 가장 빛나고 있는 면은 무엇이라고 생각하시나요?

2. 반대로, 나의 리더십 중 아직 연마되지 않은 채로 남아 있는 면은 어떤 것인가요?

1. 7Q란 무엇인가?

7Q는 영성(SQ), 긍정성(PQ), 지성(IQ), 인성(CQ), 사회성(NQ), 전문성(EQ), 체력(BQ)의 전인적 자기 리더십 프레임입니다. 여기서 'Q'는 Quotient(지수)로, 단순한 성격유형 검사를 넘어서 실제 삶의 성숙을 위한 성찰과 훈련의 지표입니다. 각 Q는 모두 하나님이 우리에게 주신 형상(Imago Dei)의 일면들이며, 이를 일상 속에서 훈련하는 것은 곧 하나님 나라 리더로의 부르심에 응답하는 삶입니다.

7Q는 각 영역이 서로 긴밀히 연결되어 통합적으로 작용함으로써, 리더의 삶이 한쪽으로 기울어지지 않고 균형을 이루도록 돕습니다. 예를 들어, 뛰어난 지성(IQ)도 인격(CQ)과 체력(BQ)의 기반이 없으면 지속 가능하지 않으며, 깊은 영성(SQ)도 긍정성(PQ)과 공동체성(NQ)을 통해 구체적 실천으로 이어져야 진정한 열매를 맺습니다. 따라서 7Q 훈련은 '하나님과의 관계 안에서, 자기 자신을 인도하고, 이웃을 섬기며, 사명을 감당하는 사람'으로 살아가기 위한 전인적 자기 리더십의 실천 프레임입니다.

2. 왜 7Q가 필요한가?

오늘날 리더십의 위기는 단일한 강점으로는 지속되기 어렵습니다. 7Q는 영성과 실천, 관계와 전문성, 건강까지 통합적으로 연마하여 균형 잡힌 리더를 세우는 훈련입니다. 7Q는 '편향된 리더'가 아닌 '균형 잡힌 리더'를 세우기 위한 전인적 훈련 체계입니다. SQ(영성), PQ(긍정성), IQ(지성), CQ(인성), NQ(사회성), EQ(전문성), BQ(체력)는 각각 리더의 내면과 외면, 영적 깊이와 실천적 능력을 함께 개발하는 영역으로, 하나님의 형상을 따라 조화롭게 성장할 수 있도록 안내하는 틀입니다.

특히 팬데믹 이후의 시대는 외적 조건보다 내면의 회복탄력성과 자기 주도성이 리더십의 핵심 역량으로 떠오르고 있습니다. 이처럼 불확실성과 혼란의 시대에 7Q는 리더가 자신을 먼저 다스리고, 이웃을 섬기며, 공동체를 이끄는 지속 가능한 셀프 리더십의 길을 제시합니다. 7Q는 단지 기능을 키우는 것이 아니라, 삶 전체의 질서를 회복하고 사명에 응답하는 실천적 제자훈련입니다. 지금 이 시대가 요구하는 리더는 전인적으로 깨어 있는 사람입니다. 이 장에서는 7Q 셀프 리더십 훈련의 핵심 구조와 각 Q의 개요를 심층적으로 소개해 드리고자 합니다.

3. 7Q의 전체 구성

다음 도표는 각 Q의 정의와 루틴 예시를 정리한 것입니다. 이를 통해 자신에게 필요한 훈련 영역을 점검해보세요.

Q 영역	핵심 설명 및 적용 예시
SQ (Spirituality Quotient, 영성)	기도, 말씀, 4차원 영성을 중심으로 하나님의 임재 안에 거하는 능력. 예시: 매일 아침 말씀을 묵상하고 기도로 하루를 시작하는 루틴을 실천합니다.

Q 영역	핵심 설명 및 적용 예시
PQ (Positivity Quotient, 긍정성)	절대긍정의 신앙과 회복탄력성을 통해 낙심을 넘어서는 능력. 예시: 힘든 상황에서도 "모든 것이 합력하여 선을 이룬다"(롬 8:28)는 말씀을 고백하며 하루를 시작합니다.
IQ (Intelligence Quotient, 지성)	독서력과 사고력, 그리고 성경적 통찰을 키우는 능력. 예시: 매주 한 권의 책을 요약하며 말씀과 연결된 통찰을 정리합니다.
CQ (Character Quotient, 인성)	성품과 정직, 온유, 용서, 자기를 통제하는 인격 훈련의 능력. 예시: 갈등 상황에서 먼저 사과하고 화해를 시도하는 습관을 실천합니다.
NQ (Network Quotient, 사회성)	공감과 소통, 공동체 안에서의 화해와 연결을 이루는 능력. 예시: 매주 한 번 감사 메시지를 전하거나 소그룹에서 감정을 나누는 시간을 갖습니다.
EQ (Expertise Quotient, 전문성)	자신의 소명 영역에서 실력과 열매를 통해 섬기는 능력. 예시: 자신의 전문 영역에서 정기적인 피드백을 받고 역량을 향상시키기 위한 계획을 세웁니다.
BQ (Body Quotient, 체력)	체력과 회복력을 관리하고, 지속 가능한 사역 리듬을 유지하는 능력. 예시: 매주 세 번 운동 루틴을 실천하고 규칙적인 수면을 유지합니다.

4. 각 Q의 비교 개요 도표

아래 도표는 7Q 셀프 리더십의 각 Q 영역을 비교 정리한 표입니다. 각 Q는 인간의 전인적 리더십을 구성하는 핵심 요소로, 핵심 설명, 대표 루틴, 대표 성구 등을 요약하고 있습니다. 이 도표를 통해 전체 7Q 구조를 한눈에 이해하고, 각 영역의 훈련이 어떻게 실천적 루틴으로 이어지는지 확인해보시기 바랍니다.

Q	요약 설명	대표 루틴	대표 성구
SQ	하나님과 연결되는 영적 중심	아침 묵상 루틴	요 4:24 – "영과 진리로 예배하라"

Q	요약 설명	대표 루틴	대표 성구
PQ	믿음의 해석력으로 절망을 이김	감사 고백, 긍정 선언	롬 8:28 – "모든 것이 합력하여 선을 이루느니라"
IQ	하나님의 뜻을 분별하는 지성	독서 정리, 통찰 노트	롬 12:2 – "마음을 새롭게 하라"
CQ	성령의 열매로 인격을 다듬음	사과, 겸손, 용서 실천	갈 5:22 – "성령의 열매는…"
NQ	공동체 안의 회복과 연결	미인대칭, 감사 메시지	롬 12:18 – "할 수 있거든 모든 사람과 더불어 화목하라"
EQ	사명 중심 실력 강화	사역 피드백	딤후 2:15 – "부끄럽지 않은 일꾼으로 드리라"
BQ	몸의 거룩한 예배	운동, 식사 루틴	고전 6:19 – "너희 몸은 성령의 전인 줄을 알지 못하느냐"

더 깊이 있는 비교와 실천 설계를 원하신다면, 다음의 "단행본–교재 연계 구조표"*를 참고해보시기 바랍니다. 각 Q의 단행본 메시지와 교재의 실천 목표가 어떻게 연계되는지를 정리한 표입니다.

5. 단행본 – 교재 연계 구조표

Q영역	단행본 주요 메시지	교재 주요 훈련 목표	연계 포인트
SQ (영성)	예수님의 새벽기도와 4차원 영성	새벽 묵상, 기도 루틴 실천	도입 예화 및 훈련 과제 직접 연계
PQ (긍정성)	절대긍정 신앙과 긍정 선언	감사일기, 긍정언어 훈련	긍정적 정체성과 언어 루틴으로 전환
IQ (지성)	하나님의 뜻을 분별하는 지성	독서/성찰, 요약 노트 작성	읽고 요약하는 루틴 실천

Q영역	단행본 주요 메시지	교재 주요 훈련 목표	연계 포인트
CQ (인성)	인격적 리더의 성품과 태도	회개 일기, 사과 루틴, 성품 훈련	인성 변화를 위한 실천과 연결
NQ (사회성)	공동체 속 관계 회복과 소통	감사 메시지, 회복 대화법	공동체 사역 및 소그룹 실천과 연계
EQ (전문성)	탁월한 실행력과 실력의 루틴화	피드백 회의, 전문성 향상 과제	사명 기반 실행 루틴으로 정리
BQ (체력)	영육의 균형과 자기 돌봄의 영성	건강 루틴 (수면, 운동, 식습관)	몸을 통한 사명 감당 강조

• 적용 정리: 7Q는 제자훈련의 삶의 방식.

이 교재는 단지 내용을 전달하는 것이 목적이 아닙니다. 여러분이 각 Q의 훈련을 실제로 일상에서 실천하고, 하나님의 사람으로 성장하도록 돕는 것을 목적으로 합니다. 7Q는 단순한 이론이 아니라, 매일의 삶 속에서 하나님의 형상을 회복하고, 부르심에 응답하는 제자도의 실천 도구입니다. 각 Q는 나의 일상과 사역을 재정비하게 만들고, 하나님 나라의 리더로 살아가는 구체적인 삶의 방식이 됩니다. 결국 7Q 훈련은 자기 삶에 성령의 빛을 비추고, 각 면을 정직하게 연마해가는 '내적 리더십 여정'입니다.

• 성찰과 적용 과제

나의 현재 삶에서 각 Q영역(SQ–BQ) 중 가장 잘 실천되고 있는 루틴 하나와, 가장 부족하거나 무너진 루틴 하나를 각각 기록해보세요. 가장 회복이 필요한 Q영역 하나를 선택하고, 그 회복을 위한 작은 루틴 또는 행동 계획을 세워보세요. 7Q 전체 루틴을 담은 '하루 루틴 점검표(아침–점심–저녁)'를 만들어 실천해보고, 한 가지 실천 결과를 나누어보세요.

• 7Q 실천 루틴

- SQ 루틴: 새벽 묵상과 기도문 작성, 하나님의 임재 의식
- PQ 루틴: 하루 3가지 감사, 긍정 언어 선언문 낭독
- IQ 루틴: 매주 1권 독서 후 요약 정리, 통찰 노트 쓰기
- CQ 루틴: 정직한 말 사용, 사과 또는 용서 훈련 실천
- NQ 루틴: 감사 메시지 전송, 감정 나눔 대화 실천
- EQ 루틴: 사역 피드백 작성, 콘텐츠 기획 또는 실행
- BQ 루틴: 주 3회 유산소 운동, 매일 수면 7시간 이상

• 소그룹 나눔

1. 나의 리더십 중 지금 가장 잘 다듬어져 있는 Q는 무엇인가요?

2. 7Q 중 가장 도전이 되는 영역은 무엇이며, 그 이유는 무엇인가요?

3. 나는 하루 또는 일주일 동안 Q 루틴을 얼마나 의식적으로 실천하고 있나요?

• 7Q 리더십 성장 선언문

"나는 하나님께서 주신 나의 삶을 소중히 여기며, 7Q의 훈련을 통해 나의 영성, 긍정성, 지성, 인성, 사회성, 전문성, 체력을 날마다 가꾸겠습니다. 이 훈련을 통해 나는 세상을 섬기는 리더로 성장하겠습니다."

• 오늘의 리더십 명언

"다이아몬드는 모든 면이 깎여야 빛난다. 리더십도 마찬가지다."

- 홍영기

"하나님의 뜻은 당신이 무엇을 하느냐보다,
어떤 사람이 되느냐에 더 관심이 있다."

- 달라스 윌라드 (Dallas Willard)

전인적 리더를 세우는 7Q 루틴 훈련

7Q 셀프
리더십 학교

7Q 리더십 지도사 1급 훈련 워크북

PART 2　7Q 루틴 훈련
- 각 Q별 의미와 실천

제 3장 SQ(Spirituality Quotient): 영성의 루틴을 훈련하라

"하루 10분의 루틴이, 평생의 방향을 바꾼다."
Ten minutes a day shapes your destiny

연결 독서	『7Q 셀프 리더십의 톱날을 갈아라』 제3장
요약 메시지	기도와 말씀의 전압을 높이십시오 SQ는 리더십의 심장입니다
독서 제안	4차원의 영성 루틴(생각·믿음·꿈·말)의 핵심 내용을 실제 루틴 훈련으로 적용합니다

18세기 영국에 수산나 웨슬리(Susanna Wesley) 라는 한 여인이 있었습니다. 19명의 자녀를 돌보는 바쁜 어머니였지만, 그녀는 기도와 말씀을 결코 포기하지 않았습니다. 집안이 분주한 한가운데서 하나님께 집중하기 위해 그녀는 때때로 긴 앞치마를 머리에 조용히 뒤집어쓰곤 했습니다. 그 모습은 가족들에게 이렇게 말해주는 신호였습니다. "지금은 엄마가 하나님과 함께하는 시간입니다."

이 작은 기도의 루틴 속에서 두 아들, 존 웨슬리(John Wesley)와 찰스 웨슬리(Charles Wesley)가 자라났습니다. 한 사람은 감리교의 창시자로서 부흥을 일으켰고, 또 한 사람은 수천 곡의 찬송을 남기며 복음의 노래로 세대와 나라를 깨웠습니다. 수산나 웨슬리의 삶은 우리에게 SQ 루틴이 단순한 형식이 아니라, 하나님과의 살아 있는 관계임을 보여줍니다. 하나님께 연결된 한 사람의 작은 반복이 리더를 세우고, 다음 세대를 바꾸는 힘이 됩니다. 오늘의 루틴은, 내일의 사명을 준비합니다.

1. SQ란 무엇인가?

SQ는 'Spirituality Quotient', 즉 영적 지능을 의미합니다. 이는 하나님과의 깊은 관계에서 비롯되는 통찰력과 분별력, 내면의 평안과 인도하심을 따르는 능력입니다. 리더는 단지 많은 일을 하는 사람이 아니라, 먼저 하나님의 뜻을 분별할 줄 아는 사람이어야 합니다. 영성이 무너지면 모든 리더십도 결국 흔들리게 됩니다. 영적 지능이란 단순히 종교적 행동의 반복이 아니라, 하나님의 마음을 헤아리고 그 뜻을 실천하는 능동적 순종의 태도입니다.

SQ는 하나님과의 깊은 관계에서 비롯되는 통찰과 인도하심을 따르는 영적 리더십의 중심입니다. SQ는 7Q 중 중심축으로, 나머지 Q들을 해석하고 견인합니다. 예를 들어, PQ(긍정성)는 SQ가 뒷받침될 때 단순한 낙관주의가 아닌 성경적 신앙으로 뿌리내립니다. CQ(인성)도 SQ의 영성이 없이는 도덕적 행동에 머무르게 됩니다. 따라서 SQ는 하나님과의 관계 속에서 나머지 Q들을 해석하고 강화시키는 '영적 토대'라 할 수 있습니다.

2. SQ의 성경적 근거와 실천

SQ의 개념은 성경 전반에 걸쳐 강조되어 있습니다. 성령 안에서 사는 삶은 단순한 윤리적 기준이 아니라, 삶을 인도하시는 하나님의 뜻을 민감하게 감지하고 반응하는 영적 민감성과 결단력을 필요로 합니다. "경건에 이르기를 연습하라"(딤전 4:7)는 말씀처럼, SQ는 반복 실천을 통해 자랍니다. '시냇가에 심은 나무'(시 1편)처럼 말씀에 뿌리내리고, '나는 포도나무요 너희는 가지라'(요 15:5)는 말씀처럼, 예수님과의 연결 속에서 영적 생명을 얻습니다.

SQ 리더의 실제 모델

예수님: 산에서 밤을 새워 기도하시며 사역의 전환점을 준비하심

바울: 자기를 쳐 복종시키며 자발적 고난과 경건 훈련을 실천함

오늘날의 리더: 일보다 내면을 먼저 다스리는 자기 규율이 중요함

3. SQ와 4차원의 영성

세계 최대의 교회를 목회한 조용기 목사는 '4차원의 영성'을 리더의 영적 내면을 새롭게 하는 핵심 루틴으로 강조하였습니다. 보이는 세계를 움직이는 것은 보이지 않는 내면이며, SQ는 하나님과의 연결 속에서 이루어지는 '영적 패턴의 혁신'입니다. 이 네 가지 요소는 SQ 루틴의 기반이자, 리더의 내면을 재정비하는 핵심 훈련입니다.

4차원의 영성 요약 도표

4차원의 요소	영적 의미	적용 루틴 예시
생각의 영성	하나님의 말씀으로 내 생각을 새롭게 정돈	말씀 암송, 자화상 긍정 훈련
믿음의 영성	보이지 않는 하나님의 약속을 현실보다 더 신뢰	믿음의 기도문, 믿음 선언
꿈의 영성	하나님의 비전을 마음속에 그리는 상상력	비전 노트 작성, 미래 기도
말의 영성	믿음의 말을 통해 현실을 하나님의 뜻으로 해석	감사 고백, 긍정 언어 훈련

이 네 가지는 서로 연결되어 작동합니다. 생각이 바뀌면 믿음이 자라고, 믿음은 꿈을 형성하며, 그 꿈은 말의 선포로 열매 맺습니다. SQ 루틴은 이 4차원 회로를 통해 리더의 내면과 사역에 성령의 생기를 불어넣습니다. "리더는 하루에 한 번, 자신의 '생각–믿음–꿈–말'의 방향을 점검해야 합니다. 이 루틴이 살아 있으면, 당신의 리더십도 살아 있습니다."

4. SQ 훈련의 4차원

이 도표는 SQ(Spiritual Quotient)를 구성하는 핵심 요소들을 체계적인 차원으로 구조화한 것입니다.

차원	핵심 요소	설명
1차원	성령충만과 기도	하나님과의 직접적 연결과 동행의 시작점. 기도는 믿음의 호흡이며, 성령충만은 신앙의 에너지원입니다.
2차원	하나님의 생각과 믿음	긍정적 사고와 믿음의 확신은 하나님 나라의 가치관을 내면화하고 상황을 다르게 해석하게 합니다.
3차원	하나님의 꿈과 언어	하나님이 주신 비전과 그것을 표현하는 언어가 일치할 때, 믿음은 구체적 삶으로 나아갑니다.
4차원	하나님의 음성과 예언적 선포	하나님의 음성을 듣고 삶에 선포하고 실천함으로써 영적 권세와 변화를 경험합니다.

말씀과 기도의 루틴 훈련

하루를 시작할 때 15분 이상 말씀 앞에 머무는 습관이 영성의 핵심입니다. SOAP 방식(Scripture, Observation, Application, Prayer)을 활용해 성경을 읽고 묵상하고 적용하며 기도로 반응하십시오. 기도는 하나님과의 대화입니다. 회개기도, 감사기도, 보혈기도, 방언기도, 찬양기도, 통성기도, 묵상기도, 중보기도 등 다양한 기도 형태를 훈련해야 합니다. 특히 하루를 시작하거나 마감할 때는 보혈기도와 감사기도가 효과적입니다.

4차원 영성 루틴 선언문

"나는 성령으로 충만하며 기도하고, 하나님의 생각을 품고 믿음으로 해석하며, 하나님의 꿈을 품고 믿음의 언어를 말하며, 말씀을 붙잡고 예언적 선포로 나아가는 삶을 훈련하겠습니다."

5. 성숙한 SQ와 성령 하나님의 음성

하나님은 말씀하시는 분이십니다. 우리가 믿는 하나님은 죽은 우상처럼 침묵하지 않으십니다. 그분은 지금도 우리에게 말씀하시고, 우리의 이름을 부르시며 동행을 원하십니다(요 10:27).

1) 성경 말씀과 기도를 통해: 성경을 읽는 중에 회개의 빛이 비추고, 기도 중에 하나님의 생각이 떠오릅니다. 성령께서는 말씀을 살아있는 음성으로 바꾸어 주십니다.

2) 환경과 사람을 통해: 위기나 고난은 하나님의 성품 훈련장이 될 수 있고, 믿음의 사람들을 통한 조언은 하나님의 경고나 격려일 수 있습니다.

3) 설교를 통해: 하나님은 지금도 주의 종들의 설교를 통해 정확하게 말씀하십니다. 우리는 말씀을 들을 때마다 사람이 아니라 하나님의 음성으로 경청해야 합니다(살전 2:13).

4) 꿈과 환상을 통해: 하나님은 꿈과 환상으로도 말씀하십니다(민 12:6). 요셉의 꿈(창 37), 바울의 마게도냐 환상(행 16:9), 빌라도의 아내의 꿈(마 27:19)처럼 하나님은 때때로 앞으로 나아갈 방향을 보여주십니다. 이런 꿈과 환상은 반드시 기록하고, 또 말씀과 기도로 잘 분별해야 합니다.

5) 레마의 생각을 통해: 성령님께서 내 생각에 심어주시는 하나님의 아이디어가 있습니다. 하루에도 수많은 생각들이 지나가지만, 그 가운데 하나님의 생각이 섞여 있습니다. 그것은 갑작스러운 깨달음일 수 있고, 명확한 메시지일 수 있습니다.

SQ는 지식이 아니라 관계입니다. 관계는 루틴 속에서 자라고, 루틴은 리더십을 세웁니다. 하나님의 생각–믿음–꿈–말의 루틴이 살아 있을 때, SQ도 살아 있고, 리더십도 살아납니다. 오늘의 작은 순종이, 내일의 사명을 준비합니다.

- ## 성찰과 적용 과제

  1. 하루 루틴 중 SQ 시간을 정하고, 말씀과 기도 루틴을 시간표에 따라 실천해보세요.

  2. 이번 주 내가 회복하고 싶은 기도 또는 말씀 루틴을 하나 정하고, 실천 루틴 계획을 기록해보세요.

  3. 오늘 말씀 묵상 또는 기도를 통해 하나님께 들은 음성이나 인도하심을 돌아보고 간단히 정리해보세요.

- ## SQ 실천 루틴

  - 아침 말씀 묵상 10분 (SOAP 방식)
  - 점심 짧은 기도 또는 중보 기도 5분
  - 저녁 감사 3가지 쓰기 + 회복 기도
  - 하루 3회 예언적 선포 루틴
  - 시편 1편 7일 묵상 루틴 실천

• 소그룹 나눔

1. 최근 하나님을 가장 가까이 느꼈던 순간은 언제였나요?

2. 내 안에 하나님의 음성을 방해하는 요소가 있다면 무엇이 있을까요?

3. 지금 나에게 가장 와닿는 하나님의 말씀이나 음성은 무엇입니까?

• SQ 성장 선언문

"나는 매일 하나님과의 관계를 우선시하며, 말씀과 기도로 내 영을 단련합니다. 나의 생각과 언어, 꿈과 믿음이 예수님을 닮아가게 하소서."

• SQ 리더십 명언

"리더십의 모든 시작은 하나님의 임재를 인정하는 데서 출발한다."

- 에이든 토저 (A. W. Tozer)

"비전과 꿈은 성령 하나님의 언어이다."

- 조용기

제 4장 PQ(Positivity Quotient): 긍정성의 루틴을 훈련하라

"하루 10분의 루틴이, 평생의 방향을 바꾼다."
Ten minutes a day shapes your destiny

연결 독서　　『7Q 셀프 리더십의 톱날을 갈아라』 제4장

요약 메시지　　긍정은 감정이 아니라 믿음의 선택입니다 PQ는 해석의 힘입니다

독서 제안　　오중 긍정 루틴과 회복탄력성 훈련을 통해 절망의 상황을 감사로 해석하는 법을 배웁니다

에이브러햄 링컨(Abraham Lincoln)은 미국 역사상 가장 위대한 대통령 중 한 사람으로 평가받지만, 그의 삶은 끊임없는 실패와 고난의 연속이었습니다. 사업의 실패, 연인의 죽음, 선거에서의 연이은 낙선, 우울증과 외로움까지—그에게는 절망할 이유가 충분했습니다. 그러나 그는 반복된 실패와 상실 속에서도 무너지지 않았습니다. 그는 절망을 넘어, 하나님께서 주시는 사명과 긍정의 시선으로 미국을 하나로 통합했습니다.

"나는 천천히 걷지만, 결코 뒤로 걷지는 않는다"고 말했던 링컨은, 낙심 대신 긍정을, 두려움 대신 소망을 선택하며, 마침내 분열된 국가를 통합시키는 리더로 우뚝 섰습니다. 링컨은 긍정의 리더십이 단지 고난을 외면하는 것이 아니라, 그 고난 속에서도 하나님의 뜻을 발견하며 나아가는 용기임을 삶으로 증명한 인물이었습니다. 그의 리더십은 고난 속에서 하나님의 섭리를 믿고 해석한 신앙적 긍정의 표본입니다.

1. PQ란 무엇인가?

PQ는 'Positivity Quotient', 즉 긍정성 지수를 의미하며, 이는 삶을 바라보는 신앙적 태도와 해석의 능력입니다. PQ는 단순한 낙관주의가 아니라, "모든 것이 합력하여 선을 이룬다"(롬 8:28)는 믿음에서 비롯된 해석의 힘입니다. 신앙 안에서 PQ는 어려움 속에서도 하나님의 주권을 신뢰하며 반응하는 힘입니다. 감정에 휘둘리는 대신, 믿음의 관점으로 상황을 해석하고 말하는 루틴을 훈련하는 것이 PQ의 본질입니다. "왜 나에게 이런 일이?"가 아니라 "이 일을 통해 하나님은 무엇을 이루실까?"라고 질문하는 태도가 PQ 리더십의 시작입니다.

PQ는 다른 Q들과도 밀접하게 연결되어 있습니다. SQ(영성)가 PQ의 뿌리이고, CQ(인성)와 NQ(사회성)는 그 열매가 드러나는 영역입니다. 감사하는 사람은 따뜻한 관계를 맺고, 믿음으로 해석하는 사람은 조직에 소망을 전합니다. 결국 PQ는 절망을 이기는 언어 습관이며, 하나님의 관점으로 자신과 세상을 바라보는 신앙적 근육입니다. 긍정성은 리더의 정서적 리듬을 지탱하며, 공동체를 밝히는 영적 촉매제가 됩니다.

2. 절대긍정의 신학적 근거

절대긍정은 맹목적 낙관주의나 심리적 위안이 아닙니다. 그것은 삼위일체 하나님에 대한 깊은 신뢰에서 비롯된 믿음의 관점 전환입니다. 절대긍정은 현실의 어려움을 부정하거나 외면하는 것이 아니라, 그 현실 너머에 계신 하나님의 주권과 선하심을 바라보는 신앙의 태도입니다. 삼위일체 하나님의 각 위격은 긍정의 신학에 독특한 방식으로 기여하십니다.

삼위일체 하나님은 창조적, 구속적, 능동적 긍정의 근원이십니다. 먼저 하나님 아버지는 '창조적 긍정'의 근원이십니다. 하나님은 혼돈 가운데서 질서를 만드시고, 무(無)에서 유(有)를 창조하셨습니다. 창세기의 '보시기에 심히 좋았더라'는 말씀은 모든 존재에 대한 하나님의 긍정적 시선과 가치를 보여줍니다. 우리는 하나님의 창조 질서 안에서 자신을 긍정하고, 환경을 새롭게 해석할 수 있는 믿음을 가집니다.

예수님은 '구속적 긍정'의 모델이십니다. 십자가라는 절망의 상징을 구원의 상징으로 전환하신 주님은, 죄와 죽음의 현실 속에서도 구원의 길을 여셨습니다. 그분의 부활은 '더 이상 끝이 아닌 새로운 시작'임을 선언하는 궁극적 긍정입니다. 우리의 실패와 고난도 그리스도 안에서 새로운 사명으로 전환될 수 있습니다.

성령님은 '능동적 긍정'의 실천자이십니다. 성령은 우리 안에 거하시며, 연약한 우리를 도우시고, 절망 가운데서도 기도하게 하십니다. 성령의 임재는 매일의 삶 속에서 우리를 하나님의 시선으로 해석하고 긍정하게 합니다. 성령 안에서 우리는 현실을 변화시킬 수 있는 담대한 믿음을 가질 수 있습니다.

▶ 한 암 환자는 치료의 고통 속에서도 매일 아침 거울을 보며 선포했습니다. "나는 살아난다. 나는 회복된다. 하나님이 나와 함께하신다." 이 절대긍정의 언어는 단순한 자기암시가 아니라, 하나님의 약속에 근거한 신앙의 외침이었습니다. 이 고백은 그의 치료 과정에서 놀라운 회복의 열매를 맺게 했습니다.

▶ 한 선교사는 오랜 무명의 시절에도 기도의 자리를 떠나지 않고, "하나님은 나를 통해 반드시 일하신다"고 믿음으로 고백했습니다. 경제적 어려움과 사역의 외로움 속에서도 그 고백은 그의 사명을 포기하지 않게 했고, 수년 후 그는 새로운 지역에 교회를 개척하고 복음을 전하며 수많은 생명을 살리는 사역을 감당하게 되었습니다. 절대긍정은 그의 사역 여정 전체를 붙드는 믿음의 닻이었습니다.

절대긍정의 신학은 곧 삼위일체 하나님의 사랑과 구속, 인도하심에 대한 전인격적 신뢰입니다. 이 신학은 믿는 자로 하여금 고난 속에서도 다시 일어서게 하고, 어두운 현실 속에서도 하나님의 선하심을 신뢰하며, 불가능 속에서도 사명의 가능성을 바라보게 합니다.

3. 공동체 리더십과 PQ

긍정의 태도는 공동체 안에서 리더로서 영향력을 행사하는 중요한 요소입니다. 부정적인 말은 공동체를 나누지만, 긍정적인 언어는 공동체를 치유하고 회복시킵니다. 공동체 리더는 두려움보다 믿음을 선택하는 사람입니다. 여호수아와 갈렙은 "우리가 곧 올라가서 그 땅을 취하자 능히 이기리라"(민 13:30)는 믿음의 말을 했습니다. 이들은 하나님의 약속을 긍정적으로 바라본 자들이었습니다. 또한 긍정적인 리더는 위기 상황에서도 두려움보다 믿음을 선택하고, 팀원들의 약점을 지적하기보다 가능성과 은사를 격려함으로써 공동체 안의 성장과 신뢰를 이끕니다. 긍정의 리더십은 가능성을 보고 공동체를 격려합니다.

4. 오중긍정의 루틴

절대긍정의 실천 루틴으로 다음과 같은 오중긍정의 5가지 영역이 있습니다.

오중긍정 루틴 요약

긍정 구분	핵심 메시지	핵심 설명	핵심 성구
자신에 대한 긍정	나는 하나님의 걸작품이다	하나님의 형상대로 지음 받은 존재로서 자신을 긍정하는 믿음의 자화상 훈련	에베소서 2장 10절
타인에 대한 긍정	서로 존경하기를 먼저 하라	타인의 가능성과 가치를 먼저 인정하고 존중하는 신앙의 태도	로마서 12장 10절
사명에 대한 긍정	죽도록 충성하라	결과가 아니라 사명을 주신 하나님을 신뢰하며 감당하는 자세	요한계시록 2장 10절
환경에 대한 긍정	모든 것이 합력하여 선을 이룬다	현실의 고난 속에서도 하나님의 선하신 섭리를 믿고 해석함	로마서 8장 28절

긍정 구분	핵심 메시지	핵심 설명	핵심 성구
미래에 대한 긍정	내게 능력 주시는 자 안에서 내가 모든 것을 할 수 있다	불확실한 시대 속에서도 하나님의 비전과 약속을 기대하며 담대하게 나아감	빌립보서 4장 13절

5. 회복적 PQ 루틴 4단계 도표 (Positive Recovery Routine)

다음의 4단계 도표는 절망에서 회복으로, 회복에서 선포로 나아가는 긍정의 회복 여정을 단계적으로 보여줍니다. 이 흐름은 PQ 루틴의 실천과 내면화를 위한 기초 구조로 활용할 수 있습니다.

단계	핵심 태도	설명	실천 예시
1단계: 부정 인식하기	현실의 감정 정직하게 마주 보기	억누르거나 외면하지 않고, 부정적 감정(두려움, 낙심, 분노 등)을 있는 그대로 인식함.	• "지금 나는 지쳐 있다" 라고 하나님께 고백하기
2단계: 회복 선언하기	하나님의 관점으로 해석하기	말씀과 기도로 나의 상황을 재해석하고, 회복 가능성을 믿고 고백하기.	• "내가 연약할 때 강함 되신다"는 말씀 선포
3단계: 긍정 훈련하기	감사, 격려, 기대를 의도적으로 실천	감정이 따라오지 않아도 믿음의 태도로 훈련함. 감사일기, 긍정언어 등.	• 매일 감사 3가지 쓰기 / 격려 메시지 보내기
4단계: 믿음으로 선포하기	긍정의 언어로 믿음 말하기	하나님의 약속과 비전을 선포하며, 미래를 믿음으로 끌어당김.	• "하나님은 반드시 선을 이루신다" 고백하기

긍정은 낙관주의가 아니라, 현실 속에서 하나님을 신뢰하는 믿음의 해석입니다. 믿음의 해석은 언어로 드러나고, 언어는 공동체를 세우는 힘이 됩니다. 그러므로 오늘 우리가 믿음으로 해석하고 말할 때, 하나님은 절망을 소망으로, 약함을 증언으로, 현실을 하나님 나라의 이야기로 바꾸십니다.

- **성찰과 적용 과제**

   1. 아침마다 절대긍정 선언문 3가지를 고백해보고, 내 감정과 연결되는 한 가지 깨달음을 적어보세요.

   2. 최근 겪은 고난이나 실패를 하나 떠올리고, 그 안에서 배운 교훈과 하나님이 주신 메시지를 정리해보세요.

   3. 내 안의 부정적 언어 습관을 돌아보고, 그것을 긍정 언어로 전환하는 '긍정 선언문'을 직접 만들어보세요.

- **PQ 실천 루틴**

   - 긍정 선언문 3가지 고백하기
   - 감사 일기 3줄 기록하기
   - 하루 한 사람에게 칭찬 또는 격려 표현 실천하기
   - 실패 속에서 배운 점 1가지 적기
   ▶ 공동체 적용 예시: 매주 '긍정 발표' 시간을 통해 부정적 사건을 하나님의 시각으로 재해석하는 나눔 실천

1. 나는 어떤 상황에서 긍정의 태도를 유지하기 어려웠나요?

2. 내 안에 있는 부정적인 언어 습관은 무엇이며, 어떻게 바꿀 수 있을까요?

3. 최근 하나님께서 나의 부정적 상황을 선하게 바꾸신 경험이 있는가요?

· PQ 성장 선언문

"나는 하나님의 형상대로 창조된 존재로서, 나 자신을 사랑하고, 타인을 존중하며, 맡겨진 사명을 기쁨으로 감당하며, 모든 환경 속에서도 선을 기대하며, 하나님의 약속 안에서 미래를 믿음으로 선포합니다."

· PQ 리더십 명언

"긍정은 걸림돌도 디딤돌로 만든다."

— 이영훈

"희망을 말하면 희망이 자라고, 믿음을 말하면 믿음이 현실이 된다."

— 조이스 마이어 (Joyce Meyer)

제 5장 IQ(Intellectual Quotient): 지성의 루틴을 훈련하라

"하루 10분의 루틴이, 평생의 방향을 바꾼다."
Ten minutes a day shapes your destiny

연결 독서	『7Q 셀프 리더십의 톱날을 갈아라』 제5장
요약 메시지	하나님을 경외하는 지성이 리더의 판단력을 세웁니다.
독서 제안	독서·질문·성찰의 루틴을 중심으로 지성의 예배화 훈련을 진행합니다.

벤 카슨(Ben Carson)은 미국 디트로이트의 가난한 흑인 가정에서 태어났습니다. 그의 어머니는 교육을 받지 못했지만, 자녀들에게 지혜의 가치를 심어주고자 했습니다. 하루 종일 허드렛일을 하며 생계를 꾸리던 어머니는 두 아들에게 단 한 가지 규칙을 정해주었습니다. "매주 도서관에서 두 권의 책을 읽고, 반드시 독후감을 써야 한다." 처음에는 억지로 책장을 넘겼지만, 어느 순간 책은 그의 인생을 바꾸는 창이 되었습니다. 과학, 의학, 역사, 신앙에 대한 책들은 그의 시야를 넓혀주었고, 상처 많던 그의 마음에 소망의 씨앗이 심어졌습니다.

그의 지성과 믿음은 결국 예일대학교 장학생으로 선발될 만큼 성장했고, 이후 미시간대학교 의과대학을 졸업한 그는 세계 최초로 샴쌍둥이 두개골 분리 수술을 성공시킨 전설적인 신경외과 의사가 되었습니다. 벤 카슨은 한 인터뷰에서 이렇게 고백했습니다. "가장 가난했던 내 인생을 가장 위대하게 바꿔준 것은 바로 어머니의 믿음과 독서의 습관이었습니다. 하나님께서는 저의 지성을 통해 수많은 생명을 살리는 도구로 삼아주셨습니다."

벤 카슨의 이야기는 단순한 성공담이 아닙니다. "하루 한 권의 책, 한 줄의 묵상"에서 출발한 작은 루틴이, 인생의 방향을 바꾸는 '신앙적 지성'의 훈련이 될 수 있습니다.

1. IQ란 무엇인가?

IQ(Intelligence Quotient, 지성 지수)는 단순한 논리력이나 분석력을 넘어서, '하나님을 경외하는 지식'으로 이어지는 깊이 있는 사고력과 통찰력, 그리고 실제적인 적용 능력을 포함합니다. 기독교적 지성이란 단순한 정보의 축적이 아니라, 진리를 분별하고 하나님의 말씀을 깊이 이해하며, 삶에 실제로 적용하는 능력입니다.

지성은 신앙의 '근육'과 같아서, 잘 훈련될수록 믿음의 깊이와 유연성이 자랍니다. 깊이 있는 사고력은 하나님의 시각으로 세상을 해석하고, 시대를 분별하는 영적 리더십의 핵심 도구가 됩니다. 하나님께서 주신 지성은 단순히 공부를 위한 수단이 아니라, 하나님의 뜻을 이루는 사명을 감당하는 데 쓰임받는 강력한 영적 도구입니다.

2. 성경과 기독교 지성

잠언 4:7 "지혜가 제일이니 지혜를 얻어라."

로마서 12:2 "마음을 새롭게 함으로 변화를 받아…"

에베소서 1:17 "지혜와 계시의 영을 너희에게 주사…"

기독교적 지성은 단순한 지식을 넘어서, 말씀을 분별하고 시대를 해석하는 영적 통찰력입니다. 예수님은 율법을 해석하실 때 본질을 물으셨고, 바울은 철학과 복음을 연결하는 변증 능력을 발휘했습니다. 이는 믿음과 사고, 말씀과 해석이 균형을 이뤄야 함을 보여줍니다.

적용 예시

▶ 구약의 느헤미야는 성벽 재건 전, 현실을 분석하고 전략을 세운 후 기도로 실행했습니다. '분석–기도–실행'의 지성적 리더십을 보여줍니다.

▶ C.S. 루이스(C.S. Lewis)는 영국의 변증가로서 문학, 철학, 신학을 넘나드는 깊이 있는 글쓰기로 수많은 지성인들에게 신앙의 문을 열어주었습니다. 그의 『순전한 기독교』는 사고와 믿음의 균형을 보여주는 대표적 저작입니다.

▶ 한국의 조용기 목사는 매일 외국어를 공부하며 독서를 통해 영적·지적 확장을 훈련했습니다. 그의 다국어 능력은 미디어 선교와 세계 복음화의 도구가 되었습니다.

3. 기독교 지성의 특징

성경과 신앙의 역사에서 드러나는 지성의 본질은, 오늘날 우리가 훈련해야 할 기독교 지성의 네 가지 특징으로 정리할 수 있습니다.

1) 묵상하는 지성 – 말씀을 곱씹고 되새기는 깊은 사고

묵상하는 지성은 단순히 정보를 습득하는 데 그치지 않고, 하나님의 말씀을 깊이 사유하며 그 의미를 마음에 새기는 태도입니다. 말씀을 하루하루 읽고 묵상하는 큐티(QT)의 훈련은 영적인 사고력을 길러줍니다. 이 지성은 하나님의 뜻을 삶의 중심에 두고, 말씀을 기준 삼아 세상을 바라보는 힘을 길러줍니다.

2) 변화시키는 지성 – 진리를 삶에 적용하고 전환하는 힘

기독교 지성은 단순한 논리나 분석에서 머무르지 않고, 삶의 방향을 실제로 바꾸는 적용력으로 이어집니다. 하나님의 말씀을 아는 것에서 멈추지 않고, 그 말씀을 따라 회개하고 결단하며 실천으로 옮기는 힘, 곧 행동하는 지성이 필요합니다. 진리는 우리의 삶을 변화시켜야 비로소 살아 있는 지성이 됩니다.

3) 소통하는 지성 – 진리를 공동체와 나누는 힘

기독교 지성은 혼자만의 깨달음이 아니라, 공동체와 나누며 함께 자라나는 지성입니다. 자신이 이해한 진리를 쉽게 설명하고, 타인의 관점을 존중하며, 공동체 속에서 열린 자세로 배우고 나누는 태도가 중요합니다. 설교, 교육, 성경 공부, 나눔과 토론 등을 통해 이 소통의 지성은 더욱 자라납니다.

4) 창조하는 지성 – 복음을 시대와 문화 속에서 새롭게 해석하는 능력

기독교 지성은 과거에 머무는 것이 아니라, 복음을 창의적으로 해석하고 표현하는 창조적 사고력을 지향합니다. 예술, 문학, 학문, 미디어 등 다양한 분야에서 시대의 언어로 복음을 풀어내는 지성은, 오늘의 문화 속에서 하나님의 뜻을 전달하는 중요한 통로가 됩니다. C. S. 루이스, 프랜시스 쉐퍼, 유진 피터슨 등은 창조적 지성의 좋은 본보기입니다.

바른 지성은 바른 해석으로 이어지고, 해석은 곧 바른 실천으로 연결됩니다. 이 지성은 공동체 안에서 배우고 나누는 영적 배움의 문화를 세웁니다.

4. IQ 훈련의 4단계 개요(Thinking & Wisdom Development)

IQ는 단순한 지식의 양이 아니라, 하나님의 지혜로 해석하고 적용하는 '사고력의 훈련'입니다. 다음의 4단계 루틴은 지성과 영성을 통합하는 지혜 여정의 핵심 구조입니다.

단계	핵심 명령	설명	실천 예시
1단계	독서하고 읽으라 (Read)	말씀과 양서를 꾸준히 읽으며 지식의 기반을 세우는 기초 훈련 단계	• 하루 15분 말씀 묵상 또는 독서 실천
2단계	질문하고 생각하라 (Reflect)	읽은 내용을 깊이 사고하고 본질을 탐구하며 하나님의 뜻을 분별하는 사고 훈련	• 독서 후 3가지 질문 만들기 • 요약 노트 작성

단계	핵심 명령	설명	실천 예시
3단계	계속 배우라 (Keep Learning)	지속적인 학습과 훈련을 통해 사고의 넓이와 깊이를 확장하는 성장 단계	• 강의 수강 • 평생교육 참여 • 독서모임 운영
4단계	성령의 지혜로 결단하라 (Discern)	지식과 사고를 넘어 성령의 조명으로 통찰하고 바르게 결정하며 실천하는 지혜의 단계	• 중요한 결정 전 기도와 묵상 • 지혜를 구하는 기도문 작성

묵상 포인트

- 지성은 리더의 사유 깊이를 결정합니다.

- 단순히 실행하는 리더가 아니라, '왜'와 '어떻게'를 분별하는 리더가 되어야 합니다.

- IQ가 자란다는 것은 문제의 본질을 꿰뚫는 시선을 갖는다는 뜻입니다.

  리더십 개발 전문가 존 맥스웰(John Maxwell)은 말합니다: "독서하지 않는 리더는 무기 없는 병사와 같다." 배움 없는 리더십은 오래가지 못합니다.

적용 아이디어

- 말씀과 독서를 통해 문제 해결력, 판단력, 창의력을 훈련하세요.

- 이는 설교, 기획, 조직 운영 전반에 핵심적 리더십 역량이 됩니다.

공동체 실천 예시

- 매달 독서 모임을 운영해보세요.

- 각자 읽은 책의 핵심 문장을 나누고, 느낀 점을 토론하는 활동을 통해 공동체의 지성을 함께 성장시킬 수 있습니다.

- ## 성찰과 적용 과제

  1. 이번 주 읽은 책이나 말씀 중 기억에 남는 핵심 문장을 한 문장으로 요약하고, 그 내용을 삶에 어떻게 적용할지 정리해 보세요.

  2. 나의 지적 루틴(독서, 강의, 묵상 등) 중에서 가장 꾸준히 실천한 루틴은 무엇이며, 그 변화나 열매는 무엇이었나요?

  3. 이번 달 읽고 싶은 책 또는 강의 3가지를 정하고, 각각에 대한 이유와 기대 효과를 간단히 메모해 보세요.

- ## IQ 실천 루틴

  - 오늘의 말씀 깊이 읽기 + 통찰 기록
  - 읽은 글/책의 핵심 요약
  - 사고의 변화 정리
  - 나누고 싶은 질문 작성
  - '말씀+일반 서적' 통합 독서 루틴 실천

• 소그룹 나눔

1. 최근에 읽은 말씀이나 책 중, 여러분의 생각이나 신앙에 전환점을 준 문장은 무엇인가요?

2. 그 문장을 통해 어떤 통찰이나 영적 도전을 받았는지, 그리고 그것이 지금의 삶에 어떤 영향을 주고 있는지 나눠보세요.

3. 그 내용을 성경의 인물이나 지혜와 연결해 볼 때, 어떤 유사점이나 교훈이 떠오르시나요?

• IQ 성장 선언문

"나는 읽고 질문하며, 배우고 성장하며, 성령의 지혜로 인도받는 지성의 리더가 되겠습니다. 지식에 머무르지 않고, 삶으로 실천하는 통찰의 사람으로 훈련되겠습니다."

• IQ 리더십 명언

"독서는 단지 정보를 쌓는 것이 아니라,
하나님의 시선으로 세상을 해석하는 훈련이다."

— 존 스토트 (John Stott)

"지도자는 끊임없이 배우고 성찰하며, 변화에 앞서야 한다."

— 하워드 헨드릭스 (Howard Hendricks)

CQ(Character Quotient): 인성의 루틴을 훈련하라

"하루 10분의 루틴이, 평생의 방향을 바꾼다."
Ten minutes a day shapes your destiny

연결 독서	『7Q 셀프 리더십의 톱날을 갈아라』 제6장
요약 메시지	성품은 위기에서 드러나고 반복 훈련으로 다듬어집니다
독서 제안	성령의 열매, 정직과 감정 훈련을 포함한 인격 수련 루틴을 훈련합니다

마더 테레사(Mother Teresa)는 인도 콜카타의 빈민가에서 평생을 헌신한 인류의 위대한 리더였습니다. 그녀는 노벨평화상을 받았고, 전 세계가 인정한 성인의 삶을 살았지만, 그녀의 진짜 위대함은 화려한 외적 업적이 아니라, 아무도 보지 않는 곳에서 인격의 향기를 흘렸던 일상 속에 있었습니다. 한 청소부는 어느 날 밤, 그녀가 몰래 수도원의 바닥을 걸레질하며 기도하는 모습을 보았습니다. 노벨상을 수상하고도, 그녀는 자신을 섬기는 자가 아니라 '하나님과 이웃을 섬기는 종'으로 여겼습니다.

또 다른 일화로, 한 기자가 그녀에게 물었습니다. "당신처럼 위대한 일을 하려면 무엇이 필요합니까?" 그녀는 조용히 웃으며 대답했습니다. "저는 위대한 일을 한 적이 없습니다. 저는 단지 작은 일을 '위대한 사랑'으로 해왔을 뿐입니다." 그녀는 수많은 사람 앞에서 연설할 때보다, 한 사람의 고통 앞에서 함께 침묵할 때 가장 깊은 인격의 무게를 보여주었습니다. 마더 테레사의 삶은 우리에게 묻습니다. '인격이란 얼마나 드러나는가가 아니라, 얼마나 섬기는가로 측정된다'는 사실을 말입니다. 우리의 인격은 드러나는 순간보다, 숨겨진 루틴 속에서 자라납니다.

1. CQ란 무엇인가?

CQ(Character Quotient)는 '인격 지수'를 의미하는데, 이는 성숙한 성품과 신뢰받는 삶의 태도를 의미합니다. 기독교적 인성은 갈라디아서 5장 22-23절에서 말하는 성령의 열매로 드러나며, 정직, 겸손, 용서, 인내, 충성과 같은 삶의 실천을 통해 구체화됩니다. CQ는 단순한 매너나 외적인 예절이 아니라, 하나님의 형상을 닮아가는 내면의 변화와 성숙을 말합니다.

특히 위기나 갈등의 순간에 인격은 그 진가를 드러냅니다. 아무리 탁월한 지성과 능력을 가졌더라도, 인성이 흔들리면 리더십 전체가 무너질 수 있습니다. 반대로 성숙한 인격은 말보다 더 깊은 영향력과 설득력을 가지며, 공동체 안에서 신뢰와 존경을 받는 리더십의 기초가 됩니다.

또한 CQ는 SQ(영성)과 깊이 연결되어 있습니다. 기도와 말씀으로 뿌리내린 영성이 인격을 형성하며, 인격은 다시 그리스도를 닮아가는 삶으로 이어집니다. 따라서 CQ는 전인적 리더십을 형성하는 데 있어 믿음과 삶을 연결하는 중요한 열쇠입니다.

2. 예수님의 인격과 제자도

예수님의 인격은 성령의 열매로 온전히 드러납니다. 갈라디아서 5장 22-23절에서 바울은 성령의 열매로 사랑, 희락, 화평, 오래 참음, 자비, 양선, 충성, 온유, 절제를 제시하며, 이

7Q 셀프 리더십 학교

는 단순한 도덕적 특성이 아니라 예수님의 삶과 성품을 그대로 반영한 것입니다. 그리스도를 따르는 제자는 이 열매를 자신의 삶 속에서 자라가게 해야 하며, 이는 인간의 노력으로 되는 것이 아니라 성령의 도우심과 말씀의 은혜로 가능해집니다.

예수님의 인격은 제자도 훈련의 가장 근본적인 기준입니다. 예수님은 겸손하시고 온유하셨으며, 비난받을 때 침묵하셨고, 십자가 위에서도 용서를 선언하셨습니다. 그의 인격은 말보다 더 큰 설득력을 지닌 복음의 통로였고, 그분의 삶 자체가 제자들에게 가장 강력한 메시지였습니다.

한 선교사는 "나는 예수님의 기적보다 그분의 인격에서 도전을 받았다"고 고백했습니다. 그의 말처럼 진정한 제자도는 외적인 능력이 아니라 내면의 성숙, 곧 예수님의 성품을 닮아가는 인격의 여정에 있습니다. 성경 속 인물 요셉도 억울한 고난 속에서도 불평하기보다 성실과 용서로 반응하며, 하나님의 때에 맞추어 성숙한 인격을 드러낸 본보기입니다.

따라서 CQ 훈련은 성령의 열매를 일상 속에서 실천함으로써 예수님의 인격을 닮아가는 실천적 루틴입니다. 예를 들어, 매주 한 가지 열매를 선정해 묵상하고 실천하는 '성령 열매 루틴'을 통해 공동체 안에서 인격 훈련의 여정을 함께 걸을 수 있습니다. 작은 실천이 쌓일 때, 인격의 깊이는 더욱 견고해지고, 리더십은 신뢰를 얻게 됩니다.

3. 공동체와 리더십 안에서의 인격

신약성경 디모데전서 3장과 디도서 1장은 감독과 장로의 자격 조건으로 '말의 능력'보다 '삶의 인격'을 강조합니다. 이는 인격이 공동체 리더십의 출발점이자 기초임을 보여줍니다. 사역의 열매보다 중요한 것은 인격의 뿌리이며, 성숙한 인성은 갈등을 예방하고 신뢰를 쌓는 리더십의 기반이 됩니다.

▶ 실제 사례: 어떤 교회는 리더를 세울 때 '신앙 지식'보다 '인격 성숙도'를 평가하는 인성 면접을 필수적으로 진행합니다. 이는 갈등 없는 공동체 운영에 실질적인 효과를 줍니다.

리더의 인격은 리더십의 방향을 결정짓는 나침반입니다. 다음은 인격과 리더십이 연결되는 실제적인 요소들입니다.

1) 신뢰 형성: 일관된 성품은 리더에 대한 신뢰를 높이며, 공동체 안에서 존경을 이끕니다.

2) 위기 대응력: 위기 순간에 인격은 단순한 감정보다 본질적인 태도로 반응하게 하며, 공동체의 안정성을 유지하게 합니다.

3) 비전 전수: 비전은 언어로 전달되는 것이 아니라, 인격을 통해 '살아내는 삶'으로 전해집니다.

▶ 인물 예화: 마틴 루터 킹 목사는 정직, 용서, 평화를 실천하는 인격적 리더십으로 전 세계에 깊은 영향을 끼쳤습니다. 그의 설교보다 더 큰 힘은 그의 삶이었습니다.

▶ 실제 적용 사례: 일부 기업은 실적 중심 승진제도 대신, '성품 기반 리더십 평가제도'를 도입하여 인성 중심으로 리더를 세우고 있습니다. 이는 조직의 건강성과 지속가능성 향상에 긍정적 효과를 준다는 연구도 있습니다.

4. CQ 실천 루틴과 성품 훈련

인격은 하루아침에 세워지지 않습니다. 꾸준한 루틴과 구체적 실천을 통해 훈련되는 것이 바로 성품입니다. 다음은 그리스도인 리더에게 꼭 필요한 세 가지 핵심 성품과 관련 루틴입니다.

1) 정직: 숨기지 않고 진실을 말하며 책임지는 삶

2) 겸손: 나의 연약함을 인정하고 타인의 가치를 높이는 태도

3) 용서: 받은 은혜를 기억하며, 상처를 보복이 아닌 축복으로 전환하는 용기

▶ 예화 1: 허드슨 테일러는 "하나님은 자신(자기의 능력)을 의지하지 않고, 하나님만을 전적으로 의지하는 사람을 사용하신다"고 말했습니다. 이는 곧 '겸손의 리더십'을 실천한 삶이었습니다.

▶ 예화 2: 한 장로님은 교회 봉사 후 아무도 보지 않는 시간에 화장실을 청소했습

니다. 그의 무명의 봉사는 인격의 향기였고, 공동체를 감동시키는 조용한 리더
십이었습니다.

▶ 워크숍 팁: '인격 훈련 카드'를 만들어 매일 한 가지 성품 목표를 선택하고 실천
상황을 체크해보세요.

5. 인격 성장 나선형도표 (Character Growth Spiral)

인격은 하루아침에 형성되지 않습니다. 다음의 '4단계 성장 나선 구조'는 인격이 내면화
되고 공동체에 영향을 미치기까지의 과정을 설명합니다. 이 도표를 통해 자신의 현재 위치
를 점검하고, 한 단계씩 성장해가는 여정을 계획해보세요.

단계	핵심 개념	설명	적용 예시
1단계: 의식화 (Awareness)	"나는 어떤 성품을 가지고 있는가?"	자신의 언행과 성품 상태를 인식하는 단계. 무심코 한 말과 행동이 다른 사람에게 미친 영향을 돌아보며, 변화의 필요성을 느끼게 됨.	• "나는 말이 거칠다는 지적을 자주 듣는다." • "나는 비판에 예민하게 반응한다."
2단계: 반복화 (Practice)	"좋은 성품을 매일 훈련하자"	인격적 습관을 훈련하는 반복의 단계. 하루에 하나씩 실천 루틴을 정하고, 지속적인 실천으로 인격 근육을 훈련함.	• 하루 1회 감사 표현 • 성령의 열매 매일 점검하기
3단계: 내면화 (Internalization)	"성품이 나의 본성이 된다"	반복된 훈련이 나의 성향으로 자리잡는 단계. 억지로 하는 것이 아니라 자연스럽게 그 인격이 삶의 태도가 됨.	• 누가 잘못해도 즉시 비난보다 공감을 먼저 함 • 나도 모르게 축복의 말을 자연히 사용
4단계: 영향화 (Influence)	"내 인격이 공동체의 분위기를 만든다"	나의 인격이 공동체에 긍정적 영향을 주며, 문화로 확산됨. 인격은 개인을 넘어 공동체의 리더십으로 확장됨.	• 리더의 정직함이 조직의 기준이 됨 • 공동체 내 갈등 시 평화적으로 대화하는 문화 정착

1. 오늘 내가 실천한 인격적 행동 하나를 구체적으로 기록해보고, 느낀 점을
   정리해보세요.

2. 이번 주 감사 표현 또는 사과 실천 목표를 정한 후, 그 실천 계획을 세워
   보세요.

3. 용서 선언문 또는 성품 회복 기도문을 직접 작성해보고, 그것이 자신에게
   주는 의미를 묵상해보세요.

• **CQ 실천 루틴**

- 성품 일기: 오늘 실천한 인격적 요소를 하루 3문장으로 정리하기
- 축복 언어 챌린지: 매일 1명에게 격려/칭찬/감사의 말을 전하기
- 용서 선언문 쓰기: 마음속 상처를 치유하는 선언문 작성
- 갈등 상황에서 '10초 침묵 → 감정 진단 → 진실 질문' 실천하기
- 성령의 열매 9가지 체크리스트로 매일 자기 진단하기

· 소그룹 나눔

1. 내가 가장 약하다고 느끼는 인성 항목은 무엇인가요?

2. 최근 누군가에게 용서를 실천한 경험이 있다면 나눠보세요.

3. 공동체 안에서 인격적인 리더로 성장하기 위해 필요한 습관은 무엇인가요?

· CQ 성장 선언문

"나는 예수님의 인격을 닮아 정직하고 겸손하게 살며, 타인을 용서하고 축복하는 인격의 리더로 훈련되겠습니다. 나의 인격이 곧 복음이 되게 하소서."

· CQ 리더십 명언

"진정한 인격은 고난과 오해 속에서도 신실하게 반응하는 데서 드러난다."

– 홍영기

"품격은 당신이 보는 사람이 없을 때 하는 행동이다."

– C.S. 루이스 (C.S. Lewis)

제 7장 NQ(Network Quotient): 사회성의 루틴을 훈련하라

"하루 10분의 루틴이, 평생의 방향을 바꾼다."
Ten minutes a day shapes your destiny

연결 독서	『7Q 셀프 리더십의 톱날을 갈아라』 제7장
요약 메시지	관계는 공감과 회복으로 세워집니다 리더는 다리를 놓는 사람입니다
독서 제안	감사 표현, 회복적 대화, 공동체 공감 루틴을 실습합니다

장 모네(Jean Monnet)는 제1차 세계대전이 끝난 뒤, 폐허가 된 유럽의 회복을 위해 한 가지 비전을 품었습니다. 그것은 "사람과 사람 사이의 다리를 놓아야 한다"는 것이었습니다. 프랑스 코냑의 한 포도주 상인의 아들로 태어난 그는, 정규 교육도 제대로 받지 못했지만 탁월한 인간관계 능력과 설득력으로 국제 외교 무대에서 점차 영향력을 넓혀갔습니다.

그의 아버지는 유학길에 오르는 어린 장에게 이렇게 말했습니다. "책 대신 사람을 사귀고 오너라." 그 조언은 그의 평생 좌우명이 되었습니다. 장 모네는 국적과 언어, 종교를 넘어 수많은 사람들과 관계를 맺었고, 전쟁을 반복하지 않기 위해 유럽을 하나로 묶는 공동체 비전을 품었습니다. 그렇게 그는 여러 나라 지도자들과 소통하며 유럽석탄철강공동체(ECSC)를 창설했고, 이는 훗날 유럽연합(EU)의 씨앗이 되었습니다.

모네는 이렇게 말했습니다. "진정한 공동체는 위대한 아이디어보다, 신뢰와 대화라는 작고 보이지 않는 다리 위에서 시작됩니다." 장 모네의 삶은 사회성이 단순한 친화력이 아니라, 분열된 세상을 연결하는 리더십의 본질임을 보여줍니다. NQ는 말을 잘하는 능력이 아니라, 공동체를 세우기 위한 관계의 헌신입니다.

1. NQ란 무엇인가?

NQ(Network Quotient)는 '사회성 지수'로, 타인과의 건강한 관계를 형성하고, 유지하며, 공동체 속에서 함께 성장할 수 있는 관계적 리더십의 능력을 말합니다. 기독교적 관점에서 사회성은 단순한 사교 기술이 아니라, 사랑의 실천이자 삼위일체 하나님의 관계성을 닮아가는 태도입니다.

사회성이 낮은 리더는 종종 공동체 안에서 충돌을 일으키고, 고립되거나 리더십의 지지를 잃게 됩니다. 반대로 NQ가 높은 리더는 공감과 소통의 능력으로 신뢰와 조화를 이끌고, 서로 다른 지체들을 하나로 연결하는 연합의 촉매제가 됩니다. NQ는 단지 외향성이 아니라, 공동체적 책임감과 사랑의 태도로 나타나는 관계의 영성입니다.

2. 삼위일체 하나님과 교회의 사회성

삼위일체 하나님은 본질적으로 '관계의 하나님'이십니다. 성부, 성자, 성령은 각기 다르지만 하나이며, 완전한 사랑과 연합 속에 상호 내주(Perichoresis)의 신비를 이루는 완전한 공동체입니다. 이 '본질적 관계성'은 교회 공동체의 모델이자 DNA입니다. 교회는 프로그램이나 건물이 아니라, 삼위일체 하나님의 관계성을 구현하는 유기체입니다. 초대교회는 "한 몸, 한 성령, 한 소망"(엡 4:4) 아래 살아가는 공동체였으며, 바울은 고린도교회처럼 깨어진 관계 안에서 회복의 중보자가 되었습니다. 예수님 역시 사마리아 여인, 삭개오, 베드로와의 회복적 관계를 통해 공동체적 사회성을 보여주셨습니다. 이러한 삼위일체적 사회성은 단지 친화력을 넘어, 회복과 사랑의 사명을 이루는 리더십의 핵심입니다.

3. 예수님의 사회성 모델

예수님은 사람들과 함께 먹고, 울고, 웃고, 걷고, 사셨습니다. 그는 열두 제자를 부르시고, 관계 속에서 그들을 훈련시키셨습니다. 사마리아 여인과의 대화, 세리 삭개오의 집 방문, 병든 자를 손으로 만지신(마 8:3) 그 모습은 '관계로 치유하는 리더십'의 전형입니다. 예수님의 사회성은 단순한 친절이 아니라, 구속적 사랑을 기반으로 한 실천적 공동체 리더십이었습니다.

▶ 예화: 예수님은 외로운 자, 버림받은 자, 병든 자에게 먼저 다가가셨고, 이름을 불러주시며 존재 가치를 회복시키셨습니다. 이것이 바로 복음의 사회성입니다.

• 예수님의 관계 회복 리더십: 예수님은 인간관계에서의 상처와 배신조차 끝까지 품으셨습니다. 요한복음 21장에서 베드로가 세 번 부인한 후에도 예수님은 다시 갈릴리로 찾아가십니다. 모닥불 앞에서 "네가 나를 사랑하느냐?"는 질문을 세 번 던지심으로써, 예수님은 베드로의 실패를 책망하지 않고 사랑으로 회복하셨습니다. 이 장면은 리더십의 본질이 배제나 단절이 아니라, 회복과 사명의 재위임임을 보여줍니다. 예수님은 단절된 관계를 다시 연결하시고, 실패자를 사명자로 세우는 '회복적 리더십'의 모델이 되셨습니다.

4. 공동체 리더로서의 사회성

성경은 관계에서의 성숙을 강조합니다. '모든 사람과 더불어 화목하라'(롬 12:18), '서로를 덮어주는 사랑'(벧전 4:8)은 공동체 리더가 실천해야 할 사회성의 본질입니다. 특별히 리더는 관계의 중심에서 화해자이자 연결자가 되어야 하며, 타인의 아픔에 공감하고 함께 회복을 이끌어야 합니다.

▶ 바울은 빌레몬에게 도망친 종 오네시모를 용서하라고 권하며 "그를 나처럼 여기라"고 부탁했습니다. 바울은 리더로서 공동체의 회복과 화해를 위해 중재자 역할을 감당했습니다.

공동체 안의 리더는 단지 행정적 중심이 아니라, 정서적 중심이며 영적 중보자입니다. 공동체 내 감정적 균열이나 상처가 생길 때, 먼저 다가가고, 경청하며, 공동체 분위기를 회복하는 사람이 바로 리더입니다. 리더는 말보다 태도로 신뢰를 주며, 회복적 분위기를 조성하는 감정의 조율자입니다.

예를 들어, 한 교회의 소그룹 리더는 구성원 간의 오해가 생겼을 때 즉시 양쪽을 따로 만나 마음을 듣고, 기도한 후 함께 식사 자리로 이어지게 했습니다. 그 자리는 눈물과 용서, 회복의 시간이 되었고, 이후 그 공동체는 오히려 더 깊은 신뢰로 묶이게 되었습니다. 이처럼 리더는 침묵하거나 방관하지 않고, 사랑으로 개입하며 회복의 가교 역할을 해야 합니다. 공동체를 연결하는 다리, 위로의 말, 회복을 위한 기도는 바로 오늘날 리더가 가진 가장 강력한 영향력입니다.

5. 공감과 회복을 실천하는 NQ 루틴

공감은 사회성(NQ)의 중심입니다. 우리는 누군가의 감정을 깊이 이해할 수 있을 때, 그 사람과의 관계를 다시 연결할 수 있는 힘을 얻게 됩니다. 리더는 말을 잘하는 사람이 아니라, 아픔을 느끼고 사랑으로 회복을 이끄는 사람입니다. 사회성은 타고난 성격이 아니라 태도이며 반복적인 루틴으로 훈련되는 리더십 능력입니다. 특히 <7Q 셀프 리더십의 톱날을 갈아라>에서 제시된 '미·인·대·칭' 원리는 관계를 세우는 네 가지 핵심 태도를 보여줍니다: 미소 – 인사 – 대화 – 칭찬. 이 네 가지 관계 원리가 아래 루틴들을 통해 구체적으로 실천 가능한 NQ 훈련으로 확장됩니다.

"진정한 관계는 탁월한 말솜씨가 아니라, 마음을 기꺼이 내어주는 공감에서 시작된다."

– 브레네 브라운 (Brené Brown)

□ NQ 실천 루틴 (미·인·대·칭의 확장)

아래 네 가지 루틴을 통해 공동체 안에 신뢰와 회복의 문화를 세워가십시오.

1) 감사 메시지 루틴 — 미소의 확장

하루 한 사람에게 짧은 감사 인사를 전합니다.

문자, 메모, SNS 등 형식보다 '진심'이 중요합니다.

예: "오늘 힘이 되어주셔서 감사합니다."

"당신 덕분에 용기를 냈어요."

2) 감정 나침반 일기 — 대화의 기초

매일 관계 속에서 경험한 감정을 돌아보고 기록합니다.

자기 감정 이해는 건강한 대화의 첫걸음입니다.

예: "오늘 말 한마디에 서운했지만, 내 기대 때문이었는지도 몰라."

3) 주간 회복 챌린지 — 칭찬과 격려의 확장

매주 한 사람, 멀어진 관계에 연락을 시도합니다.

짧은 메시지라도 회복의 문을 여는 시작입니다.

예: 안부 전화 / 식사 초대 / "잘 지내시죠?" 인사

4) 공동체 회복 루틴 — 인사의 공동체화

주 1회 팀/소그룹에서

'감사 릴레이' '칭찬 타임'을 실천합니다.

서로에게 따뜻한 언어를 나누며

신뢰의 문화를 회복합니다.

□ **NQ 루틴 구조표**

루틴명	미·인·대·칭 실천 내용	핵심 효과
감사 메시지 루틴	미(微) – 미소 하루 1명에게 감사 표현	관계의 따뜻한 연결
감정 나침반 일기	대(對) – 대화 하루 감정 기록하기	자기 이해와 감정 조절
주간 회복 챌린지	칭(稱) – 칭찬 멀어진 사람에게 다시 연락	단절된 관계 회복
공동체 회복 루틴	인(人) – 인사 칭찬·감사 문화 훈련	공동체 분위기 회복

□ **적용 Tip**

- 루틴은 꾸준함이 핵심입니다. 관계의 근육을 하루 한 번씩 단련해 보세요.
- 감정 표현과 공감 대화 훈련을 공동체 프로그램으로 함께 진행하면 더 큰 변화를 경험하게 됩니다.
- 이 네 가지 루틴은 자기 성장 → 공동체 변혁으로 이어지는 NQ 리더십의 핵심 여정입니다.

• 성찰과 적용 과제

1. 이번 주 내가 연락하거나 격려할 사람 3명을 정하고 실천한 후 느낀 점을 기록해보세요.

2. 공동체 안에서 느꼈던 갈등이나 외로움의 순간을 돌아보고, 그 안에서 들은 하나님의 음성을 적어보세요.

3. 회복적 대화를 나눌 대상자를 정하고, 그 대화를 위한 짧은 기도문을 작성해보세요.

• NQ 실천 루틴

- 미인대칭 루틴: 미소, 인사, 대화, 칭찬을 매일 실천하기

- 회복적 대화 루틴: 비난 대신 공감과 자기표현으로 대화하기

- 감정 나침반 일기 쓰기: 하루의 감정을 정직하게 돌아보기

- 관계 회복 4단계 루틴: 인식하기 → 다가가기 → 회복 대화 → 연결자 되기

- 공동체 회복 루틴: 감사 릴레이, 칭찬 타임 등 신뢰 회복 활동 기획하기

7Q 셀프 리더십 학교

· 소그룹 나눔

1. 내가 관계에서 벽을 느꼈던 사람은 누구였으며, 그 이유는 무엇인가요?

2. 최근 공동체 안에서 회복이나 연결을 경험한 사례가 있다면 나눠보세요.

3. 내가 실천한 감사 표현 또는 회복적 대화 중 의미 있었던 장면은?

· NQ 성장 선언문

"나는 삼위일체 하나님의 관계성을 본받아 사람과 사람 사이의 다리를 놓는 자가 되겠습니다. 공동체를 섬기고, 말보다 삶으로 소통하며, 사랑으로 관계를 회복하는 사회적 리더로 훈련되겠습니다."

· NQ 리더십 명언

"세상은 원대한 계획이 아니라, 신뢰와 대화라는 작고 보이지 않는 다리 위에서 움직인다."

– 장 모네 (Jean Monnet)

"가장 깊은 인간의 필요는 이해받고자 하는 갈망이다."

– 래리 크랩 (Larry Crabb)

EQ(Expertise Quotient): 전문성의 루틴을 훈련하라

"하루 10분의 루틴이, 평생의 방향을 바꾼다."
Ten minutes a day shapes your destiny

연결 독서	『7Q 셀프 리더십의 톱날을 갈아라』 제8장
요약 메시지	소명–강점–멘토링–실천이 전문성을 만듭니다
독서 제안	전문 사역자의 역량 개발을 위한 4단계 루틴을 실천합니다

미국 앨라배마의 한 조용한 새벽, 조지 워싱턴 카버(George Washington Carver) 박사는 어둠 속에서 실험실 문을 열고 들어섰습니다. 여느 때처럼 그는 무릎을 꿇고 기도로 하루를 시작했습니다. "하나님, 오늘도 땅콩 안에 감추어진 비밀을 제게 보여주소서." 그는 단지 과학자가 아니었습니다. 그의 연구는 기도였고, 그의 실험은 예배였습니다. 노예의 아들로 태어난 그는 열악한 환경 속에서도 포기하지 않았습니다. '흙'과 '콩'이라는 평범한 재료를 가지고 수백 가지 제품—잼, 종이, 플라스틱, 기름—을 만들어내며 미국 농업의 판도를 바꾸었습니다.

사람들이 물었습니다. "당신은 어떻게 이토록 탁월한 아이디어를 얻었습니까?" 그는 웃으며 대답했습니다. "나는 매일 새벽 하나님께 질문합니다. 그분이 답을 주십니다." 카버 박사의 전문성은 단지 지식의 산물이 아니었습니다. 그것은 성실함과 기도, 하나님 앞에 무릎 꿇은 자의 겸손에서 비롯된 실행력이었습니다. 그는 아무도 주목하지 않는 작고 사소한 재료에서 위대한 결과를 끌어낸 리더였습니다.

그의 이야기는 말합니다. "탁월함은 하나님의 임재 안에서 길러진다." 카버 박사의 전문성은 기도와 헌신 속에서 길러진, 신앙과 실력이 어우러진 거룩한 통합체였습니다. EQ는 단지 기술이 아니라, 하나님께 드리는 최선의 표현이며, 사명을 실현하는 준비입니다.

1. EQ란 무엇인가?

EQ(Expertise Quotient)는 '전문성 지수'로, 한 사람이 자신의 소명 영역에서 꾸준히 성장하고 탁월함을 이루어가는 능력입니다. 이는 단순한 기술이나 정보가 아니라, 통찰력, 실천력, 책임감이 결합된 역량이며, 리더로서의 신뢰와 영향력의 기반이 됩니다.

전문성은 직업이든 사역이든 하나님 앞에서의 헌신이며, 반복이 아닌 준비된 능력으로 세상을 섬기는 태도입니다. EQ가 높은 리더는 자기 분야에 대한 깊이 있는 탐구, 실제적 적용, 지속적인 배움을 통해, 공동체와 사회에 신뢰를 주는 실력 있는 사람입니다.

오늘날의 시대는 열정보다 실력을, 이상보다 책임 있는 실행력을 요구합니다. 그러므로 EQ는 그리스도인 리더에게 반드시 필요한 사명 기반 역량이라 할 수 있습니다.

2. 예수님의 삶과 하나님 나라를 위한 전문성

전문성은 단지 기술이나 실력이 아니라, 소명에 응답하는 태도이며 하나님 나라를 섬기는 중요한 도구입니다. 예수님은 바로 그런 전문성의 완전한 모델이셨습니다. 그분은 30세까지 목수로 일하시며 일상의 성실함을 실천하셨고, 공생애 기간 동안 말씀, 기도, 치유, 제자훈련 등에서 권위 있는 리더로 활동하셨습니다. 복음서에는 사람들이 예수님의 가르침에 놀란 이유로 "그의 가르침에는 권위가 있었다"(막 1:22)는 표현이 반복됩니다. 이는 단지 말재주가 아닌, 깊은 준비와 하나님과의 친밀함에서 비롯된 것이었습니다.

예수님은 시대의 질문에 명확하게 답하며, 사람들의 고통에 실제로 반응했고, 그의 삶 전체가 하나님의 뜻을 드러내는 메시지였습니다. 이처럼 전문성은 지식이나 능력뿐 아니라, 사람을 살리고 세상을 변화시키는 리더십의 방식입니다.

성경은 "무엇을 하든지 마음을 다하여 주께 하듯 하라"(골 3:23)고 권합니다. 신앙인의 전문성은 곧 예배이며, 탁월함은 하나님을 나타내는 방식입니다. 사도 바울도 유대인에게는 율법으로, 헬라인에게는 철학으로, 로마인에게는 법의 언어로 전했습니다(고전 9:19-23). 그는 자신의 배경과 지식을 복음을 위한 도구로 사용했습니다.

오늘날의 신앙인도 교육, 상담, 음악, 영상, 미디어, 글쓰기 등 다양한 전문성을 통해 세상과 연결되고, 하나님 나라의 가치를 전해야 합니다. 전문성은 말이 아닌 삶으로 복음을 증거하는 통로이며, 실력 있는 삶이야말로 가장 강력한 설교가 될 수 있습니다.

3. EQ 성경적·현대적 리더 사례 정리

1) 성경 속 EQ 리더십 모델

• 요셉: 위기 속에서 드러난 실력과 신뢰의 리더십

요셉은 보디발의 집에서, 감옥에서, 그리고 애굽의 총리가 되기까지 어떤 자리에서도 맡겨진 일을 탁월하게 감당한 전문가였습니다.

- 행정 능력: 애굽의 식량 정책을 설계하고 실행한 전략가 (창 41:46-49)

- 해몽과 통찰: 하나님의 계시를 실용적 판단력으로 연결 (창 41:15-16, 46-49).

- EQ의 핵심: 어디서든 신뢰를 형성하며 하나님의 사람으로 인식됨

→ *요셉은 "은혜를 입고 맡김을 받는 사람"의 전형으로, EQ의 모범입니다.*

- **다니엘: 전문 관료의 지혜와 영성의 균형**

다니엘은 바벨론과 페르시아 제국이라는 이방 세계관 속에서도 실력과 신앙을 함께 세운 리더였습니다.

- 전문성: "그들의 모든 박수와 술객보다 열 배나 나은 자"(단 1:20)
- EQ의 특징: 영성과 탁월함이 균형을 이룸
- 정기적 기도 습관(단 6:10)과 탁월한 해석 능력(단 2장)은 그의 전문성과 연결되어 있음

→ *다니엘은 "거룩한 전문가"의 전형입니다.*

2) 현대적 EQ 리더 사례

분야	사례	EQ적 특징
청년 엔지니어 (20대, 남성)	장애 아동을 위한 보조기기 개발	전문 기술로 이웃의 필요 해결
여성 콘텐츠 사역자 (30대, 여성)	유튜브 성경 콘텐츠 제작, 말씀 묵상 & 나눔 콘텐츠 인기	미디어 전문성 + 말씀 중심 콘텐츠로 확장된 영향력
시니어 전문 봉사자 (60대, 남성)	은퇴 후 무료 법률 상담, 교회·지역 섬김 활동 지속	경력을 EQ로 환원, 지식 나눔으로 공동체에 기여
다문화 선교 간사 (40대, 여성)	언어·문화 간의 다리를 놓는 번역·통역 사역	다문화 감수성과 언어 전문성으로 복음을 연결
직장인 사역자 (50대, 남성)	평일엔 회사, 주말엔 직장인 성경공부 리더	일터와 신앙의 경계를 허문 "양손 리더십" 실천

4. EQ 셀프리더십 루틴: 탁월함을 향한 4단계 여정

EQ(Expertise Quotient)는 소명에 응답하는 전문성을 개발하고, 실행력 있는 리더로 성장하는 역량입니다. 다음 도표는 EQ 성장을 위한 네 단계의 핵심 루틴을 정리한 것으로, 하나님의 부르심에서 시작하여 실천까지 이어지는 실제 훈련 여정을 보여줍니다.

1) EQ 성장 통합 루틴 도표

단계	핵심 질문	주요 내용 및 실천
1단계: 소명 인식 (Calling)	나는 왜 이 영역에서 훈련 받는가?	작고 보이지 않는 일에도 성실함을 다하며, 소명 선언문과 은사 탐색을 통해 하나님의 부르심을 구체화함
2단계: 강점 개발 (Strength Focus)	하나님이 내게 맡기신 강점은 무엇인가?	자신의 재능을 탐색하고 강점 노트를 작성하며, 피드백을 수집하고 실천에 적용
3단계: 멘토링과 배움 (Mentoring)	나는 누구에게 배우고 있으며, 어떻게 피드백을 받고 있는가?	책, 강의, 멘토의 피드백을 지속적으로 흡수하며, 배우는 내용을 정리하고 적용
4단계: 반복 훈련과 실천 (Mastery Practice)	나는 얼마나 자주 실천하고, 그 결과를 어떻게 점검하는가?	정기적 콘텐츠 제작, 리허설과 적용 사례 공유, 체크리스트로 실행을 점검하며 탁월함에 이르는 루틴화

2) EQ 훈련의 다섯 가지 축

훈련 축	핵심 의미
최선의 태도	맡겨진 작은 일에 성실함
반복의 훈련	꾸준한 실천이 실력으로 연결됨
강점 개발	하나님이 주신 재능을 발견하고 집중 개발
지속적 배움	책, 피드백, 멘토링을 통한 성장
적용 중심	배운 것을 나누고 실천함으로 완성

3) 내 일상 속 EQ 루틴 시간표 (예시)

이 시간표는 하루를 통해 EQ(전문성 지수)를 실천적으로 훈련할 수 있도록 구성된 예시입니다. 자신의 일상에 맞게 조정하여 적용할 수 있습니다. 반복과 루틴 속에서 전문성은 누적되며, 하나님 앞에서의 성실함과 탁월함은 바로 일상에서 시작됩니다.

시간대	루틴 내용	적용 포인트
06:00 – 07:00	영적 준비: 묵상, 기도, 하루 전문성 계획 세우기	EQ는 성령의 인도와 연결되어야 함
08:00 – 10:00	핵심 업무 집중: 강점 기반 업무/콘텐츠 제작	가장 집중력이 높은 시간에 탁월함 실현
11:00 - 12:00	배움의 시간: 독서, 강의 듣기, 피드백 정리	지속적 배움은 EQ의 엔진
15:00 – 17:00	멘토링 또는 협업 실습: 사역 피드백, 팀 기획	멘토링과 피드백이 실력을 정제함
20:00 – 21:00	반성 및 적용 정리: 오늘의 적용 피드백, 내일 루틴 준비	작은 적용이 큰 성장을 만든다

＊ 위 시간표는 예시로, 각자의 일정에 맞게 유연하게 변형할 수 있습니다.
　중요한 것은 꾸준한 루틴화입니다.

　위의 루틴 구조, 다섯 가지 훈련 축, 그리고 하루 시간표는 EQ 성장을 위한 실제적 길잡이입니다. 각자에게 맞는 루틴을 선택하고 실천하면서, 전문성과 신앙이 통합된 거룩한 영향력을 세워가시기 바랍니다.

- **성찰과 적용 과제**

  1. 이번 달 안에 실천할 전문성 개발 활동 2가지를 정하고 실천 계획을
     세워 보세요.

  2. 나의 전문성 분야를 정의하고, 중단기 목표를 구체화해보세요.

  3. 내가 속한 공동체나 사역에 적용할 수 있는 전문 콘텐츠 기획안을 구상
     해보세요.

- **EQ 실천 루틴**

  - 소명 선언 루틴: 나의 소명과 부르심을 매일 기억하고 기도하기
  - 강점 노트 루틴: 나의 강점을 적고, 실제 적용 사례를 정리하기
  - 멘토링 루틴: 주간 피드백과 배우는 내용을 정리하고 나누기
  - 반복 훈련 루틴: 콘텐츠 제작과 적용 루틴을 일상화하기

· **소그룹 나눔**

1. 나는 어떤 전문 영역에서 탁월함을 추구하고 있습니까?

2. 하나님 앞에서 전문가가 되기 위해 내가 필요한 훈련은 무엇입니까?

3. 전문성과 영성의 균형을 위해 나는 어떤 노력을 하고 있습니까?

· **EQ 성장 선언문**

"나는 하나님이 주신 소명에 따라 탁월함을 추구하는 전문적 제자로 살겠습니다. 매일 배우고, 훈련하고, 실천함으로써 하나님 나라와 세상을 섬기는 리더가 되겠습니다."

· **EQ 리더십 명언**

"하나님은 우리에게 은혜를 주시지만, 우리는 그 은혜를 실력으로 증명해야 한다."

– 홍영기

"하나님의 부르심은 탁월함을 위한 끊임없는 훈련을 요구한다."

– 케네스 해긴 (Kenneth Hagin)

제 9장 BQ(Body Quotient): 체력의 루틴을 훈련하라

"하루 10분의 루틴이, 평생의 방향을 바꾼다."
Ten minutes a day shapes your destiny

연결 독서	『7Q 셀프 리더십의 톱날을 갈아라』 제9장
요약 메시지	건강하지 않으면 끝까지 가지 못합니다 체력은 리더의 연료입니다
독서 제안	수면·식사·운동·감정관리 루틴을 통해 체력을 영적 사역의 도구로 다듬습니다

위대한 선교사 허드슨 테일러(Hudson Taylor)는 병약한 몸에도 불구하고, 평생 중국 선교를 위해 헌신한 인물이었습니다. 청소년기부터 심장과 위장 질환에 시달렸던 그는, 오히려 자신의 연약함을 관리의 책임으로 받아들였습니다. 그는 매일 새벽 5시에 기도로 하루를 시작하고, 정해진 시간에 식사하며, 운동도 빠뜨리지 않았습니다. 그에게 몸을 돌보는 일은 단지 건강관리가 아니라, 사명을 위한 예배의 루틴이었습니다.

당시 중국은 말라리아와 기후, 낯선 음식으로 인해 선교사들의 '무덤'이라 불리던 땅이었습니다. 그러나 테일러는 51년간 그 땅을 지키며 800여 명의 선교사를 파송하고, 수천 개의 교회를 개척했습니다. 사람들은 그의 영성과 리더십에 감탄했지만, 그의 일기장에는 이런 고백이 남아 있습니다. "몸을 지키지 않으면 복음도 전할 수 없다. 나는 내 몸을 그리스도께 드린 도구로 훈련하고 있다."

허드슨 테일러에게 체력은 사역의 도구였고, 몸의 루틴은 곧 영적 훈련이었습니다.

1. BQ란 무엇인가?

BQ(Body Quotient)는 단순한 체력 지수를 넘어, 회복력과 사역 리듬의 균형을 포함하는 전인적 자기관리 능력을 의미합니다. 성경은 우리의 몸을 "하나님께 드릴 거룩한 산 제물"이라고 말합니다(롬 12:1). 즉, 몸은 예배의 대상이 아니라 예배의 도구입니다.

기독교적 관점에서 BQ는 단지 운동이나 체중 조절에 그치지 않고, 몸을 통한 예배와 몸으로 감당하는 사역을 준비하는 루틴을 포함합니다. BQ가 낮은 리더는 쉽게 번아웃되지만, BQ가 높은 리더는 지속 가능한 루틴을 통해 끝까지 사명을 감당해냅니다. 운동, 식사, 수면, 안식은 단순한 습관이 아니라, 사역을 위한 거룩한 자기관리 훈련입니다.

2. 성경적 체력의 의미

성경은 우리의 몸을 단순한 육체가 아니라, 하나님의 임재가 거하시는 성전으로 말씀합니다. 고린도전서 6장 19–20절은 우리의 몸을 "성령께서 거하시는 전"이라고 말씀합니다. 따라서 우리의 몸을 돌보는 것은 곧 하나님께 영광을 돌리는 삶의 방식입니다. 건강한 체력은 신앙과 분리된 개념이 아니라, 사역과 리더십의 지속 가능성을 만드는 영적 토대입니다. 운동, 식사, 수면, 안식은 모두 사명을 위한 거룩한 루틴입니다.

세계 최대의 교회를 목회한 조용기 목사님도 건강이 무너졌던 시절을 지나며 체력의 중요성을 깨달으셨고, 이후 매주 수영, 골프, 걷기, 식단 조절 등을 통해 건강을 회복하셨습니다. 그는 "강한 믿음은 강한 체력에서 나온다"고 말씀하시며, 몸을 복음을 위한 도구로 여기셨습니다. 체력 관리는 단순한 자기 관리가 아니라, 하나님께 드리는 삶의 방식이며, 사역을 감당하기 위한 실제적인 헌신입니다.

3. 예수님의 BQ 리더십

예수님께서는 공생애 동안 몸을 통해 사역하셨습니다. 수많은 지역을 걸으시고, 새벽과 밤늦도록 기도하셨으며(막 1:35, 눅 6:12), 피곤하고 배고픈 상황 속에서도 끝까지 사람들을 섬기셨습니다. 그분의 리더십은 단순한 말이나 권위보다, 몸으로 복음을 전하고 사랑을 실천하신 삶에서 드러났습니다. 예수님은 규칙적인 기도 루틴(막 1:35), 병든 자와의 접촉과 치유 사역(막 1:41, 막 8:23), 사람들과의 식사 교제(눅 15:1-2), 피로 속 안식의 루틴(막 6:31), 고난을 감당하는 절제된 삶(마 4:2, 마 27장)을 통해 몸과 영혼의 조화를 이루셨습니다.

그분의 사역은 육체적 리듬과 영적 훈련이 일치된 삶이었으며, 예배, 기도, 섬김, 고난과 회복의 모든 장면이 몸을 통해 드러났습니다. 예수님은 몸으로 말씀을 실천하셨고, 몸으로 하나님의 사랑을 증명하셨습니다. 오늘날 리더들에게도 예수님의 몸의 사용 방식은 중요한 통찰을 줍니다. 회복 없는 과로, 무너진 식사와 수면 습관, 비활동적인 일상은 리더십을 약화시킵니다. 반면, 예수님처럼 몸의 루틴을 정돈하는 리더는 사명을 더 오래, 깊이 감당할 수 있습니다.

예수님의 BQ 리더십 vs 현대 리더의 현실

항목	예수님의 BQ 리더십	현대 리더의 현실
기도 루틴	새벽과 밤의 규칙적인 기도 실천 (막 1:35, 눅 6:12)	일정에 쫓겨 기도와 묵상이 무너지기 쉬움
신체 활동	도보 중심의 이동과 현장 중심 사역	차량 이동과 사무 중심 생활, 활동 부족

항목	예수님의 BQ 리더십	현대 리더의 현실
치유적 접촉	손을 잡아 일으키고, 직접 돌보는 접촉 (막 1:41, 막 8:23)	비대면 중심 사역, 몸의 접촉과 공감 감소
식사 리듬	함께 식사하며 복음을 나눔 (눅 15:1–2)	불규칙한 식사, 혼밥, 소통 결핍
회복 루틴	피로 속 안식의 시간 확보 (막 6:31)	쉼 없이 과로, 회복의 리듬 부재
고난 감내	금식과 십자가를 몸으로 감당 (마 4:2, 마 27장)	탈진 이후 병원 의존, 절제 없는 삶의 패턴

4. 체력과 리더십의 상관관계

많은 리더들이 탈진(burnout)으로 인해 사역을 중단하게 됩니다. 이는 지나친 열정 때문이 아니라, 회복 없는 불균형한 리듬 때문입니다. 체력은 리더십의 기반이며, 지속 가능한 사역을 위해 반드시 관리해야 할 요소입니다. 건강한 리더는 에너지를 안정적으로 공급하며, 위기 상황에서도 쉽게 무너지지 않는 회복력을 갖게 됩니다. 사역은 단거리 경주가 아니라 장기 마라톤입니다. 그래서 체력은 단순한 생존의 조건이 아니라, 하나님께서 주신 사명을 끝까지 감당하게 하는 도구입니다. 실제 사례들도 이를 잘 보여줍니다.

- 한 청년 리더는 무너진 건강을 20분 스트레칭과 감사일기로 회복하며, 공동체 안에 안식의 문화를 퍼뜨렸습니다.
- 한 목회자는 질병으로 사역을 중단한 기간을 회복의 시간으로 삼아, 이후 정기 운동과 안식 루틴을 통해 지속 가능한 사역을 이어가고 있습니다.
- 한 선교사는 후유증으로 고통받았으나, 수면·식단·감사 기도의 루틴을 회복하면서 다시 현장에 복귀할 수 있었습니다.

이러한 사례들은 체력이 단순한 건강 이상으로, 리더십의 지속 가능성과 깊이 있게 연결되어 있다는 사실을 보여줍니다.

5. BQ 루틴 4단계 실천 가이드

BQ(Body Quotient)는 하나님의 사명을 감당하기 위한 몸의 관리 능력입니다. 체력은 리더십의 기초 체력이며, 건강한 몸은 지속 가능한 사역과 창조적 활동의 토대가 됩니다. 아래의 4단계 루틴은 전인 건강을 위한 실천의 핵심 영역을 제시하며, 각 단계별 실제 적용 루틴을 함께 안내합니다.

- **1단계 – 일과 쉼의 균형**

  하루의 에너지를 낭비하지 않고 회복하는 리듬을 세우는 것이 리더의 첫 번째 루틴입니다.
  - 실천 예시: 동일한 수면 시간, 안식일 확보, 디지털 금식
  - 회복 적용: 저녁 9시 이후 스마트폰 중단, 가족과 저녁 식사 시간 확보

- **2단계 – 적절한 운동**

  움직이는 영성은 곧 섬김의 지속력을 의미합니다.
  - 실천 예시: 주 3회 이상 걷기, 스트레칭, 계단 이용
  - 적용 포인트: 예배 전후 몸 풀기, 일상 중 10분 활동 타임 확보

- **3단계 – 건강한 음식 섭취**

  몸에 들어가는 것이 곧 사역의 연료가 됩니다.
  - 실천 예시: 3정 식사(시간, 양, 질), 설탕·카페인 줄이기, 자연식
  - 적용 포인트: 회의 전 물 1컵, 과식 피하기

- **4단계 – 정서 회복과 감사 루틴**

  감정은 몸과 연결되어 있으며, 웃음과 감사는 회복의 신호입니다.
  - 실천 예시: 하루 1회 감사일기, 기도 중 감사 표현, 가족과 대화
  - 적용 포인트: 웃음 나누기, 일일 감사 3가지 적기

BQ 루틴 4단계 요약 도표

단계	핵심 개념	설명	실천 예시
1단계	일과 휴식의 균형	규칙적인 생활 리듬과 안식 루틴을 갖추는 것	디지털 디톡스, 주간 안식일 계획
2단계	적절한 운동	체력을 회복시키는 유산소 운동과 스트레칭 습관화	하루 30분 걷기, 스트레칭 루틴
3단계	균형잡힌 음식 섭취	면역력과 에너지를 유지하는 식습관 훈련	물 2L, 자연식, 가공식품 줄이기
4단계	긍정적 사고와 웃음	정서적 여유, 웃음, 감사 루틴을 통한 회복	감사일기, 웃음, 대화 나누기

1주일 회복 체크 인덱스

이번 주 동안 여러분의 회복 루틴 실천 정도를 점검해보세요. 각 항목에 대해 해당되는 점수를 선택해 체크해주시기 바랍니다.

(0 = 전혀 못함 / 1 = 가끔 / 2 = 종종 / 3 = 꾸준히 실천함)

회복 루틴 항목	실천 내용	점수 (0-3)
규칙적 수면	매일 6~8시간 수면, 일정한 취침·기상 시간 유지	
건강한 식사	3정 식사, 가공식품 최소화, 물 2L 이상 섭취	
적절한 운동	주 3회 이상 걷기, 스트레칭 등 유산소 활동	
안식의 시간	주간 안식일 실천, 가족과의 시간, 충분한 휴식	
디지털 쉼	하루 30분 이상 스마트폰·화면 사용 줄이기	
정서 회복	감사일기 작성, 기도, 웃음 등의 정서 회복 실천	

※ **총점: _____ / 18점**

- 15~18점: 회복 루틴이 잘 정착되어 있습니다.
- 10~14점: 균형은 있으나 약한 루틴이 있습니다.
- 1~9점: 회복 루틴이 절실합니다. 번아웃을 예방하기 위해 작은 실천부터 다시 시작해 보세요.

- ### **성찰과 적용 과제**

  1. 나의 현재 건강 상태를 점검해보세요
     (수면, 식사, 운동, 스트레스 항목별 자가 진단).

  2. 이번 주의 BQ 루틴 계획표를 작성해보고, 실천 목표 한 가지를
     구체적으로 세워보세요.

  3. 이번 달 안에 실천할 '회복의 루틴' 또는 '건강 미션'을 하나 정하고
     구체적인 실행 계획을 기록해보세요.

- ### **BQ 실천 루틴**

  – 회복 루틴: 일정한 수면 시간과 주간 안식 루틴을 유지하며 회복의
    리듬을 회복하기
  – 운동 루틴: 주 3회 이상 걷기 혹은 스트레칭, 근력 루틴을 실천하기
  – 식사 루틴: 감사와 절제를 실천하는 규칙적이고 건강한 식습관 만들기
  – 감정 루틴: 웃음과 대화, 감사 표현을 통해 정서적 회복 루틴 훈련하기

· 소그룹 나눔

1. 나는 지금 사역과 삶의 리듬이 건강한가요? 과로와 쉼 사이에서 균형을 이루고 있습니까?

2. 하나님께서 주신 몸으로 지금 내가 할 수 있는 가장 좋은 섬김은 무엇인가요?

3. 나의 삶 속에서 '회복의 리듬'을 회복하기 위한 실천적 전략은?

· BQ 성장 선언문

"나는 하나님께서 주신 몸을 잘 관리하며, 회복과 훈련을 통해 건강한 리더십을 실천하겠습니다. 내 몸이 예배의 제물이며, 사명의 도구가 되게 하소서. 쉼과 일, 운동과 기도, 절제와 감사의 균형을 이루어 주님을 온전히 섬기겠습니다."

· BQ 리더십 명언

"무너진 몸(체력)은 결코 무릎(영성)을 지탱하기 힘들다."

- 홍영기

"우리는 성령의 성전으로 지어졌으니, 몸을 귀하게 관리해야 한다."

– 존 파이퍼 (John Piper)

70 SELF-LEADERSHIP ACADEMY

PART 3

7Q 사명 실천과 공동체 리더십

제 10장 7Q 진단과 루틴 실천 여정

"반복이 인격을 만들고, 루틴이 사명을 완성한다."
Repetition forms character, and routine fulfills calling

연결 독서　　　『7Q 셀프 리더십의 톱날을 갈아라』 제10장

요약 메시지　　　지속 가능한 리더십은 자기 점검과 루틴 실천에서 시작됩니다.

독서 제안　　　단행본의 '끝까지 가는 리더'의 루틴 메시지를 토대로 자신의 루틴을 정비하고 점검해 보시기 바랍니다.

이진우 목사는 어느 날 갑작스런 탈진 증세로 병원에 입원하게 되었습니다. 겉으로 보기엔 교회가 안정적으로 성장하고 있었지만, 그는 이미 한계에 이르러 있었습니다. 영적 번아웃, 우울감, 가족과의 갈등까지—삶의 모든 영역이 균형을 잃고 흔들리고 있었던 것입니다. 사역은 끊이지 않았지만, 기도는 메말랐고, 자신도 모르는 사이 리더십의 기반이 서서히 무너지고 있었습니다.

병상에서 우연히 『7Q 셀프 리더십의 톱날을 갈아라』를 펼쳐 든 그는, 자신의 삶을 처음으로 전인적으로 진단해보았습니다. 결과는 충격적이었습니다. SQ, BQ, CQ는 '심각한 저점'으로 나타났고, NQ와 EQ 역시 바닥 수준이었습니다. 그는 그제야 진짜 문제가 사역이 아니라 자신의 리더십과 내면 질서가 무너진 데 있다는 것을 깨달았습니다. 그는 작은 결단을 시작했습니다. 매일 30분씩, 7Q 루틴을 실천하기로 한 것입니다.

- SQ: 매일 시편을 한 편 묵상하고 '하나님의 임재 일기' 쓰기
- PQ: 감사한 일 3가지와 긍정 선언 1줄 작성

- IQ: 책 한 쪽 요약하고 적용 질문 만들기
- CQ: 자녀에게 하루에 한 번 진심 어린 칭찬하기
- NQ: 매주 아내와 회복 대화 30분 실천
- EQ: 설교 전 피드백 받는 루틴 정착
- BQ: 밤 10시 30분 취침, 주 3회 걷기 운동

처음에는 작고 단순한 습관처럼 느껴졌지만, 그 루틴이 30일, 60일을 지나면서 그의 삶은 서서히 회복되기 시작했습니다. 무엇보다, 하나님과의 관계가 다시 중심을 잡자 나머지 Q들도 균형을 되찾기 시작했습니다. 그는 지금 후배 사역자들에게 이렇게 말합니다. "7Q는 제 사역을 바꾼 것이 아닙니다. 제 존재 자체를 다시 세워주었습니다."

묵상 질문

1. 이진우 목사처럼, 나 역시 무너졌던 한 시기에 7Q 루틴을 통해 회복을 경험한 적이 있습니까? 그 회복은 어떤 변화로 이어졌나요?

2. 지금 내 삶에서 가장 먼저 회복해야 할 Q 루틴 하나는 무엇입니까? 오늘, 작게라도 실천해볼 수 있는 루틴이 있다면 무엇일까요?

1. 7Q 리더십 통합 자가 진단표

지금 당신의 셀프 리더십은 어디쯤 와 있나요? 아래 항목을 체크하며 자신을 점검해 보세요. 이 진단표는 7Q 각 영역의 셀프 리더십 상태를 통합적으로 점검하기 위한 도구입니다. 1~5점 사이에서 솔직하게 응답한 후, 총합 점수를 기준으로 현재 나의 리더십 수준과 루틴의 우선순위를 파악해 보세요.

7Q 셀프 리더십 진단표

응답 방법:

각 문항을 읽고, 자신에게 해당되는 정도를 아래 척도에 따라 선택하여 점수를 기록하세요.

- **1점:** 전혀 그렇지 않다
- **2점:** 거의 그렇지 않다
- **3점:** 보통이다
- **4점:** 대체로 그렇다
- **5점:** 매우 그렇다

번호	진단 문항	Q 영역	점수 (1~5)
1	나는 그리스도의 성품을 닮기 위해 나를 훈련한다.	CQ (인성)	
2	하나님의 인도하심을 구하며 중요한 결정을 내린다.	SQ (영성)	
3	나는 사역과 일에서 성장하고 있다는 내적 확신이 있다.	EQ (전문성)	
4	나는 사역이나 일에 대해 피드백을 받고 반영하는 편이다.	EQ (전문성)	
5	나는 건강한 수면과 운동 루틴을 어느 정도 유지하고 있다.	BQ (체력)	
6	실력 향상을 위한 반복 훈련을 계획적으로 하고 있다.	EQ (전문성)	
7	사람들과 감정을 나누는 것이 유익하다고 믿는다.	NQ (사회성)	
8	절망적인 상황에서도 하나님의 선하심을 신뢰한다.	PQ (긍정성)	
9	나는 성령의 열매(사랑, 온유, 절제 등)를 삶에 적용하려 한다.	CQ (인성)	
10	나는 음식, 수면, 운동을 통해 삶의 리듬을 조절하고 있다.	BQ (체력)	
11	나는 정기적으로 나의 건강 상태를 점검하려 한다.	BQ (체력)	
12	나는 문제 상황을 분석하고 정리하는 데 능숙하다.	IQ (지성)	

번호	진단 문항	Q 영역	점수 (1~5)
13	나는 나의 소명에 맞는 전문 분야를 개발하고 있다.	EQ (전문성)	
14	공감과 경청은 나의 관계에서 중요한 가치다.	NQ (사회성)	
15	'모든 것이 합력하여 선을 이룬다'는 말씀을 삶에 적용한다.	PQ (긍정성)	
16	감사일기나 긍정 선언문을 실천해본 경험이 있다.	PQ (긍정성)	
17	나는 삶의 질문에 대해 깊이 묵상하고 답을 구한다.	IQ (지성)	
18	나는 일상 속에서 하나님의 임재를 자주 의식한다.	SQ (영성)	
19	나는 누군가를 격려하거나 회복 대화를 시도한 적이 있다.	NQ (사회성)	
20	영적 침체가 올 때, 회복을 위해 기도 루틴을 점검한다.	SQ (영성)	
21	육체의 쉼은 영적 회복과도 연결된다고 생각한다.	BQ (체력)	
22	전문성은 사명과 연결된다고 생각한다.	EQ (전문성)	
23	몸의 건강이 사역에도 영향을 준다는 것을 실감한 적이 있다.	BQ (체력)	
24	나는 자주 긍정적인 언어로 나와 타인을 격려한다.	PQ (긍정성)	
25	나는 어려움 속에서도 감사할 이유를 찾아본다.	PQ (긍정성)	
26	나의 감정을 통제하고 이성적으로 대화하려 노력한다.	CQ (인성)	
27	나는 소그룹이나 공동체 내에서 화목을 추구하는 편이다.	NQ (사회성)	
28	지적 성장은 신앙 성장과 밀접히 연결되어 있다고 느낀다.	IQ (지성)	
29	나는 성경과 신앙서적을 통해 지속적으로 배우고 성장한다.	IQ (지성)	
30	나는 실수했을 때 정직하게 사과할 수 있다.	CQ (인성)	
31	나는 하루를 말씀과 기도로 시작하려 노력한다.	SQ (영성)	
32	새로운 통찰이나 깨달음을 일상에 적용하려 한다.	IQ (지성)	
33	나는 사람들과의 갈등 속에서 먼저 화해를 시도한다.	CQ (인성)	
34	기도 시간이 나의 내면을 정돈하는 데 도움이 된다.	SQ (영성)	
35	나는 공동체 안에서 다른 사람의 감정에 민감하게 반응한다.	NQ (사회성)	

7Q 셀프 리더십 진단 결과 해석 가이드

각 Q 영역별 점수를 합산한 후, 아래 기준에 따라 자신의 리더십 건강 상태를 평가해 보세요.

총점 구간 해석 (각 Q별 최대 25점 기준)

- **21–25점:** 매우 건강한 영역입니다. 지속적인 루틴을 유지하며 타인에게도 나눌 수 있는 단계입니다.
- **16–20점:** 비교적 안정적인 영역입니다. 실천 루틴을 구체화하면 더 성장할 수 있습니다.
- **11–15점:** 성장이 필요한 영역입니다. 일상 속 적용 가능한 루틴을 새롭게 정해보세요.
- **10점 이하:** 집중 회복이 필요한 핵심 영역입니다. 코칭, 멘토링, 공동체 훈련을 적극 활용해 보세요.

Q별 점수 기록

- **SQ (영성):** __________ / 25
- **PQ (긍정성):** __________ / 25
- **IQ (지성):** __________ / 25
- **CQ (인성):** __________ / 25
- **NQ (사회성):** __________ / 25
- **EQ (전문성):** __________ / 25
- **BQ (체력):** __________ / 25

합산 총점: __________ / 175

합산 점수 해석 (총점 기준)

- 151–175점: 매우 균형 잡힌 전인적 리더십 상태입니다. 탁월한 자기관리 역량이 돋보이며, 타인을 훈련시키는 코칭 리더로의 성장 가능성이 큽니다.

- 126-150점: 전반적으로 안정된 상태입니다. 1~2개 영역의 루틴을 강화하면 더 건강한 리더로 세워질 수 있습니다.
- 101-125점: 중간 수준의 자기 리더십입니다. 개선이 필요한 영역을 중심으로 루틴 실천 계획을 세우는 것이 필요합니다.
- 100점 이하: 리더십 회복이 시급한 상태입니다. 전체적인 루틴 점검과 함께 코칭, 멘토링, 공동체 프로그램 참여를 통해 리셋이 필요합니다.

전체 해석

- 가장 높은 Q 점수 → 나의 강점 리더십 영역입니다. 이를 기반으로 사역, 관계, 일상에서 영향력을 확장해보세요.
- 가장 낮은 Q 점수 → 회복과 성장이 필요한 리더십 영역입니다. 해당 Q의 실천 루틴을 제10장 또는 부록 A에서 찾아 집중 실천해보세요.
  * 루틴 실천 결과는 부록 A1의 '30일 체크 플래너'와 부록 A2의 '주간 점검표'를 활용하여 기록하고 피드백해보세요. 반복과 점검이 루틴의 완성도를 높입니다.

2. 7Q 주간 루틴 실천 체크표

"하루 3칸 중 최소 2칸 이상 체크될 경우 '지속 실천 중'으로 판단할 수 있습니다."

SQ (Spirituality Quotient)

날짜	말씀 묵상	기도 시간	영적인 믿음의 선포
월요일	☐	☐	☐
화요일	☐	☐	☐
수요일	☐	☐	☐
목요일	☐	☐	☐
금요일	☐	☐	☐
토요일	☐	☐	☐
주일	☐	☐	☐

PQ (Positivity Quotient)

날짜	긍정 선포	감사 일기	긍정적 말의 습관 체크
월요일	☐	☐	☐
화요일	☐	☐	☐
수요일	☐	☐	☐
목요일	☐	☐	☐
금요일	☐	☐	☐
토요일	☐	☐	☐
주일	☐	☐	☐

IQ (Intellectual Quotient)

날짜	독서 실천	지성 노트 작성	질문과 묵상
월요일	☐	☐	☐
화요일	☐	☐	☐
수요일	☐	☐	☐
목요일	☐	☐	☐
금요일	☐	☐	☐
토요일	☐	☐	☐
주일	☐	☐	☐

CQ (Character Quotient)

날짜	성령 열매	겸손 실천	축복 언어 실천
월요일	☐	☐	☐
화요일	☐	☐	☐
수요일	☐	☐	☐
목요일	☐	☐	☐
금요일	☐	☐	☐
토요일	☐	☐	☐
주일	☐	☐	☐

NQ (Network Quotient)

날짜	감사 메시지 전송	미소와 인사	대화와 칭찬
월요일	☐	☐	☐
화요일	☐	☐	☐
수요일	☐	☐	☐
목요일	☐	☐	☐
금요일	☐	☐	☐
토요일	☐	☐	☐
주일	☐	☐	☐

EQ (Expertise Quotient)

날짜	전문 콘텐츠 개발	강점 인식과 개발	멘토링
월요일	☐	☐	☐
화요일	☐	☐	☐
수요일	☐	☐	☐
목요일	☐	☐	☐
금요일	☐	☐	☐
토요일	☐	☐	☐
주일	☐	☐	☐

BQ (Body Quotient)

날짜	운동 루틴	수면/식사 체크	긍정과 웃음 루틴
월요일	☐	☐	☐
화요일	☐	☐	☐
수요일	☐	☐	☐
목요일	☐	☐	☐
금요일	☐	☐	☐
토요일	☐	☐	☐
주일	☐	☐	☐

→ "실천 루틴의 주간 진행 상황은 부록 A2의 점검표를 통해 스스로 피드백해보세요."

- ## 성찰과 적용 과제

  1. 앞서 진단한 7Q 결과를 바탕으로, 부록 A1과 A2를 참고해 매일 루틴 실천을 구체화해 보세요."

  2. 오늘부터 7일간 실천할 수 있는 '하루 루틴' 한 가지를 정하고 구체적으로 기록해보세요.

  3. 사역/직장/가정에서 가장 필요하다고 느끼는 루틴 1가지를 선택하고, 실행 계획을 세워보세요.

- ## 실천 루틴

  – 진단 루틴: 매주 1회 7Q 체크리스트 작성 및 통합 점검

  – 회복 루틴: 가장 지친 Q 하나를 선택해 매일 10분 루틴 실천

  – 동기 루틴: 매주 소그룹 또는 가족에게 실천 중인 루틴을 나누기

  – 감사 루틴: 실천 후 감사를 기록하는 '루틴 감사일기' 작성

• 소그룹 나눔

1. 이번 7Q 진단표에서 당신이 가장 놀란 점수는 어떤 항목이었나요?

2. 내가 최근 실천한 루틴 중, 가장 의미 있었던 루틴 하나를 나누어 보세요.

3. 공동체 안에서 내가 회복의 불씨가 되었던 경험이 있다면 나누어 주세요.

• 루틴 성장 선언문

"나는 하나님 앞에서 나의 삶을 정직하게 진단하고, 일상의 루틴으로 회복하며, 끝까지 가는 사명의 리더로 세워지겠습니다."

• 오늘의 리더십 명언

"루틴이 무너질 때, 리더십도 흔들린다. 반복은 사명을 위한 근육이다."

— 홍영기

"리더십은 열정으로 시작되지만, 습관으로 지속된다."

— 존 맥스웰 (John Maxwell)

제 11장 7Q 리더의 파송과 공동체 리더십의 성숙

"혼자보다 함께 훈련할 때, 루틴은 문화가 된다."
Routine becomes culture when shared

연결 독서	『7Q 셀프 리더십의 톱날을 갈아라』 제11장
요약 메시지	7Q 리더십은 혼자 완성되지 않고 공동체 안에서 검증됩니다.
독서 제안	단행본의 '함께 가는 제자도' 메시지를 바탕으로 사역 현장과 소그룹에서 적용해 보시기 바랍니다.

인도네시아의 오지 선교지에서 박은정(가명) 선교사는 세 명의 팀원과 함께 복음을 전하며 6년째 헌신하고 있었습니다. 시간이 흐를수록 언어 장벽, 건강 악화, 재정난, 그리고 인간적 갈등까지 겹치며 팀은 무너지고 있었습니다. "우리 사명은 여기까지인가 봐요." 절망에 빠진 그 순간, 선교사는 본국에서 보내온 '7Q 셀프 리더십 플래너'를 꺼내 들었습니다.

그녀는 매일 30분, 말씀 묵상(SQ), 감사일기(PQ), 관계 회복을 위한 기도문(CQ/NQ)을 실천하며 조용히 변하기 시작했습니다. 어느 날, 팀원 중 한 명이 눈물로 말했습니다. "당신이 먼저 바뀌니, 우리도 뭔가 다시 해보고 싶어졌어요."

3개월 뒤, 팀은 서로를 용서하고 다시 기도하기 시작했고, 1년 뒤 새로운 교회가 그 땅에 세워졌습니다. 박 선교사는 후에 회고합니다. "7Q는 나의 사명을 넘어서, 공동체의 사명을 되살렸습니다. 하나님은 한 사람의 루틴을 통해 전체의 미래를 새롭게 쓰셨습니다."

1. 7Q 실천 소그룹 운영 매뉴얼 (5주 코스)

7Q는 공동체 안에서 더욱 풍성하게 훈련됩니다. 다음은 소그룹을 통한 5주 성장 코스 예시입니다.

- 1주차: 7Q 개론과 자가 진단, 그리고 기도회로 시작합니다. 서로를 알아가며 나의 Q영역을 점검하는 시간입니다.
- 2주차: 각자의 강점과 약점을 나누고, 개인의 성장 목표를 구체적으로 설정합니다.
- 3주차: 중간 점검을 통해 실제 실천 사례를 나누며, 서로에게 피드백과 격려를 주고 받습니다.
- 4주차: 실패했던 루틴이나 중단의 경험을 솔직하게 나누고, 다시 도전할 수 있도록 기도회로 격려합니다.
- 5주차: 각자 7Q 성장 고백문을 발표하며, 공동체 안에서 새로운 사명으로 파송받는 시간을 가집니다.

효과적 운영을 위한 팁:

- 소그룹 리더는 Q노트를 사전에 준비하여 참여자의 루틴 기록을 돕습니다.
- 축복카드, 감정 스티커 등의 격려 도구를 활용해 지속적인 동기를 부여합니다.
- QR코드 또는 카카오톡 그룹방을 개설하여 매일 루틴 실천 체크인과 응원을 나눌 수 있도록 합니다.

- 리더는 매주 한 차례 1:1 맞춤 피드백 또는 멘토링을 제공하면 더욱 효과적입니다.

2. 7Q 통합 사례

7Q로 회복과 성장의 루틴을 세운 김미란 선교사 : 김미란 선교사는 동남아의 한 무슬림 지역에서 10년째 사역 중이었습니다. 그러나 언어 장벽, 문화 충돌, 팀 간 갈등으로 인해 극심한 번아웃과 영적 침체를 겪고 있었습니다. 그러던 중 안식년 기간 중 '7Q 셀프 리더십 워크숍'에 참여하게 되었습니다.

- 매일 새벽 15분 말씀 묵상과 기도(SQ),
- 하루 3가지 감사 나열(PQ),
- 한 주 1권 독서와 팀 내 나눔(IQ),
- 팀원들과의 회복적 대화 시도(CQ, NQ),
- 월 1회 설교·강의 코칭 참여(EQ),
- 그리고 일주일 3회 숲속 걷기 루틴(BQ)

이러한 루틴을 3개월간 지속한 결과, 김 선교사는 영성의 회복뿐 아니라 팀워크와 사역 효율에서도 큰 변화를 경험했습니다. 그녀는 이렇게 고백합니다. "7Q 루틴은 사역 전략이 아니라, 내 존재의 뿌리를 다시 세우는 시간이었습니다. 이제는 사역이 아니라 하나님과의 관계에서 먼저 힘을 얻습니다." 이처럼, 7Q는 단순한 시간 관리 훈련이 아니라, 전인적 회복과 공동체 안에서의 지속 가능성을 이끄는 변화의 도구입니다.

7Q 셀프 리더십은 단지 정보를 배우는 과정이 아닙니다. 자신을 점검하고, 실천하며, 공동체 안에서 성장해 나가는 전인적 변화의 여정입니다. 이것은 삶의 모든 영역에서 하나님의 뜻을 따라 살아가려는 실천의 신학이며, 믿음의 여정입니다. 여러분의 삶의 자리에서 이 리더십이 실제로 열매 맺기를 기도합니다. "리더는 만들어지는 것이 아니라, 훈련되는 것이다." 이제, 삶으로 7Q를 증명하십시오.

3. 7Q 사명 선언문 작성

모든 실천의 마지막은 결단이며, 선언입니다. 자신만의 7Q 리더십 사명 선언문을 작성해 보십시오.

- 예시 선언문 1: "나는 하나님께서 부르신 전인적 리더로서, 7Q의 각 영역을 훈련하며 성장하겠습니다. 나의 삶과 사역이 SQ의 경건, PQ의 믿음, IQ의 지혜, CQ의 인격, NQ의 관계, EQ의 실력, BQ의 균형을 통합하여 하나님 나라를 확장하는 통로가 되기를 소망합니다."
- 예시 선언문 2: "나는 7Q의 일곱 가지 훈련을 통해 하나님께서 부르신 전인적 리더로 거듭납니다. 영성과 긍정, 지혜와 성품, 관계와 전문성, 체력을 조화롭게 성장시켜 하나님 나라를 이 땅 가운데 실현하는 삶을 살겠습니다. 나의 리더십은 내가 아니라 하나님으로부터 비롯되며, 그분의 사랑을 전하기 위한 도구입니다."

나의 7Q 사명 선언문:

____

____

____

→ 이 선언문은 매일 기도문으로 사용해도 좋으며, 리더십의 중심을 잃지 않도록 방향성을 제공하는 나침반이 됩니다.

7Q 셀프 리더십은 단순한 자기계발이 아닙니다. 하나님 앞에서 자신을 정직하게 바라보고, 복음적 루틴으로 자신과 공동체를 다시 세우는 훈련입니다. 7Q는 훈련된 리더를 세우기 위한 믿음의 여정이며, 여러분의 삶을 통해 하나님의 사명이 이루어지기를 바랍니다.

4. 7Q 축복과 파송: 지속가능한 셀프 리더십을 위하여

7Q 셀프 리더십 훈련은 단순한 단회성 프로그램이 아닙니다. 그것은 전인적인 자기 성장을 위한 '하루하루의 여정'이며, 하나님 앞에서 자신을 돌아보고 훈련하는 삶의 리듬입니다. 이제 이 훈련의 마지막은 끝이 아닌 '새로운 시작'입니다. 각자의 자리에서 다시 세상을 향해 파송되는 '사명의 출발점'입니다.

이제 우리는 축복 속에서 다시 세상 속으로 나아갑니다. 훈련의 열매가 일상 속에서 꽃피고, 우리의 삶이 7Q 루틴을 통해 지속적으로 열매 맺기를 소망합니다. 이 파송은 단지 교육의 마무리가 아니라, 하나님 나라의 영향력을 확장하는 리더로서의 출발선입니다.

- **축복 기도문 예시**
  "하나님 아버지, 지금 이 리더가 7Q의 루틴을 통해 영성과 인격, 전문성과 회복의 삶을 살아가게 하소서. 날마다 자신을 훈련하고 점검하며, 그 삶 속에 주님의 형상을 담아가게 하소서. 가정에서, 교회에서, 일터에서, 그리고 모든 관계 속에서 하나님 나라의 리더십을 실천하는 사람이 되게 하시고, 새로운 사명을 감당할 담대함과 지혜를 더하여 주소서. 이제 축복 속에 이 리더를 파송하오니, 그의 걸음마다 주의 은혜와 성령의 능력이 함께 하시기를 간구하며, 예수 그리스도의 이름으로 축복하며 기도합니다. 아멘."

- **핵심 메시지**
- 7Q는 '한 번의 훈련'이 아니라 '지속적인 루틴'입니다.
- 리더의 삶은 파송받은 일상 속에서 하나님 나라를 실현하는 여정입니다.
- 이 파송은 교육의 끝이 아니라, 자기 사명을 향한 새 출발입니다.

- **성찰과 적용 과제**

  1. 최근 공동체 안에서 실천한 7Q 루틴 한 가지를 기록해보세요.

  2. 나의 작은 루틴이 공동체 변화에 긍정적인 영향을 준 사례가 있다면 정
     리해보세요.

  3. 현재 내가 속한 공동체에서 가장 회복이 필요한 Q영역을 진단해보세요.

- **실천 루틴**

  - 공동체 기도 루틴: 매주 함께 드리는 기도 제목 공유 및 중보기도
  - 감사 루틴: 매주 감사 카드 또는 메시지 나누기
  - 회복 대화 루틴: 갈등 후 회복적 대화 시도 (공감–사과–격려)
  - 사명 선언 루틴: 매 모임마다 짧은 7Q 선언문 낭독

• 소그룹 나눔

1. 나의 작은 실천이 공동체에 긍정적인 변화를 일으킨 경험이 있으신가요?

2. 지금 내가 속한 공동체가 가장 회복이 필요한 리더십 Q영역은 무엇인가요?

3. 소그룹/가정/사역팀 등에서 함께 실천하고 싶은 루틴은 무엇인가요?

• 공동체 성장 선언문

"나는 혼자가 아니라 함께 가는 리더입니다. 회복의 불씨를 심고, 건강한 관계를 세우는 작은 루틴을 통해 공동체의 리더십을 실천하겠습니다. 작은 루틴 속에 큰 사명을 담으며, 오늘도 내가 속한 공동체의 회복을 위하여 기꺼이 헌신하겠습니다."

• 오늘의 리더십 명언

"함께 가는 리더십이 가장 멀리 간다."

— 장 바니에 (Jean Vanier)

"회복의 불씨는 말이 아니라, 삶의 작은 실천에서 타오른다."

— 디트리히 본회퍼 (Dietrich Bonhoeffer)

PART 4

사명을 살아내는 7Q 제자 리더십

제 12장 7Q 루틴에서 사명자의 리더십으로

"하루의 루틴이 사역의 색깔을 결정한다."
Your daily routine colors your calling

연결 독서	『7Q 셀프 리더십의 톱날을 갈아라』 제11장
요약 메시지	진정한 리더는 자신을 넘어서 하나님 나라의 사명을 따릅니다
독서 제안	단행본의 마지막 제자도 메시지를 바탕으로, 삶의 사명과 소명을 함께 재정립해 보시기 바랍니다

18세기 영국의 존 웨슬리(John Wesley)는 옥스퍼드대학 출신의 신앙심 깊은 젊은 신학자였습니다. 그는 초기 사역 시절, 미국 조지아 선교지로 파송을 받았지만 큰 실패를 경험하고 실의에 빠진 채 귀국하게 됩니다. 그는 회고하며 이렇게 고백했습니다. "나는 미국에 복음을 전하러 갔지만, 정작 내 안에는 복음이 없었다."

깊은 회의감과 실패감 속에서 방황하던 그는, 1738년 5월 24일 런던 올더스게이트 거리(Aldersgate Street)의 한 집회에서 마음이 뜨거워지는 회심의 경험을 하게 됩니다. 이 사건은 그의 내면을 다시 불태우는 영적 전환점이 되었고, 그날 이후 그의 삶 전체가 하나님 앞에 재정비된 루틴으로 바뀌기 시작했습니다.

- 매일 아침 4시, 말씀 묵상과 기도로 하루를 시작
- 매주 일기를 쓰며 자신을 돌아보는 성찰의 시간
- 일정한 시간표에 따라 가난한 자를 방문하고 돕는 루틴

– 형제들과 '홀리 클럽(Holy Club)'을 조직해 훈련과 나눔을 지속

– 설교, 기도, 이동 사역까지도 철저한 루틴으로 순종

이러한 루틴은 단순한 경건 생활을 넘어, 그의 내면을 정비하고 사명을 따라 걷게 한 불씨가 되었습니다. 결국, 이 루틴은 영국 사회를 흔든 대각성운동(Great Awakening)의 불꽃이 되었고, 후에는 감리교(Methodism)라는 세계적인 부흥 운동으로 이어졌습니다. 웨슬리는 자신의 영성을 다음과 같이 표현하며 사역의 방향을 밝혔습니다. "나는 세상을 불태우는 것이 아니라, 매일 내 마음의 성전에 불을 지핀다. 하나님은 조용한 그 불꽃을 통해 세상을 밝히신다."

제12장은 7Q 리더십을 사명과 연결하는 핵심 장입니다. 지금까지 우리는 자신을 이끌고 훈련하며, 공동체 안에서 함께 성장하는 리더십을 배워왔습니다. 그러나 진정한 리더십의 방향은 '나를 위한 성장'에서 멈추지 않습니다. 리더십의 궁극적 목적은 세상 속에서 하나님의 뜻을 실현하는 것, 곧 '사명'을 따르는 삶입니다. 이제 우리는 7Q를 통해 길러진 내적 역량을 가지고, 하나님께서 부르신 자리에서 그 뜻을 살아내는 리더로 나아가야 합니다. '7Q 사명의 길'은 하나님이 주신 전인적 소명을 발견하고, 그것을 일상의 현장에서 실천하는 헌신의 여정입니다.

1. 사명은 하나님의 부르심에 대한 응답

사명은 인간이 스스로 만들어내는 계획이나 열망이 아니라, 하나님께서 각 사람에게 고유하게 주시는 부르심(Call)에 대한 응답입니다. 'Calling'이라는 단어 그대로, 사명은 내면에서 솟아오르는 욕망이 아니라 하나님으로부터 외부에서 들려오는 초청의 음성이며, 그 부르심에 자신을 기꺼이 내어드리는 삶의 방향입니다.

성경에서 모세는 떨기나무 불꽃 가운데서 하나님의 부르심을 들었고, 이사야는 성전 환상 속에서 "내가 여기 있나이다. 나를 보내소서"라고 고백했습니다. 바울은 다메섹 도상에서 주님의 음성을 듣고 전 인생의 방향을 바꾸었습니다. 이처럼 사명은 특정한 '직업'이 아니라, 하나님과의 만남에서 비롯되는 존재의 전환입니다. 7Q 셀프 리더십 훈련의 마지막 단계는 다음과 같은 질문 앞에 서는 것입니다. "나는 어디로 가고 있는가?" "나는 누구를 위해, 무엇을 위해 살아가고 있는가?"

이 질문은 결국 '사명'에 대한 응답으로 이어집니다. 그 부르심은 특별한 무대나 직분에만 해당하지 않습니다. 그것은 가정일 수도 있고, 교회, 직장, 학교, 혹은 공동체의 작은 역할일 수도 있습니다. 7Q의 통합적 리더십은 이러한 모든 삶의 영역에서 하나님의 나라를 확장해 나가는 것을 목표로 합니다. 사명은 거창한 선언이 아니라, 삶의 자리에서 매일 충실하게 응답하는 루틴으로 드러나는 것입니다.

2. 사명은 전인적 리더십의 열매

사명은 단지 마음의 결단으로 이루어지지 않습니다. 그것을 감당하려면, 그 무게를 견뎌낼 수 있는 '전인적 근력'이 필요합니다. 바로 그 근력을 기르는 여정이 7Q 훈련입니다. 각 Q는 사명을 실현하기 위한 핵심 역량을 다듬는 훈련 루틴입니다.

- SQ(영성)은 하나님의 뜻을 분별하는 영적 감수성을 길러줍니다.
- PQ(긍정성)은 낙심과 어려움 속에서도 감사와 회복력을 유지하게 합니다.

- IQ(지성)은 하나님의 지혜로 세상과 현실을 읽어내는 통찰력을 제공합니다.
- CQ(인성)은 신뢰받는 인격과 정직한 리더십을 형성하게 합니다.
- NQ(관계성)은 공동체 속에서 협력하고 섬기는 태도를 실천하게 합니다.
- EQ(전문성)은 맡은 사역을 효과적으로 수행하는 실천적 역량을 기릅니다.
- BQ(체력)은 지속 가능한 리더십을 위한 신체적 기반을 세웁니다.

이처럼 7Q 루틴은 사명을 완수할 수 있는 전인적 리더로 우리를 준비시킵니다. 사명은 단지 직분이나 직업을 말하는 것이 아닙니다. 그것은 내가 누구이며, 무엇을 위해 살아가는지를 드러내는 정체성입니다.

이러한 사명 리더십의 전형적인 인물이 바로 느헤미야입니다. 그는 페르시아 궁중의 술 맡은 관원이었으나, 예루살렘 성벽 재건이라는 하나님의 부르심에 응답해, 모든 안락을 내려놓고 사명의 여정을 시작했습니다.

- 그는 먼저 금식하며 하나님 앞에 나아가는 SQ(영성) 루틴으로 반응했고(느 1:4),
- 왕 앞에서 두려움을 이겨내며 말하는 PQ(긍정성)의 용기를 실천했으며(느 2:2-3),
- 성벽 재건을 위한 구체적 계획은 IQ(지성)으로 준비했고(느 2:6-8),
- 백성과의 협력은 CQ(인성)과 NQ(관계성)의 리더십을 발휘했으며(느 2:18),
- 수많은 외부의 위협과 내부의 낙심 속에서도, 그는 EQ(전문성)과 BQ(지속력)을 발휘해 52일 만에 성벽을 완공했습니다(느 6:15).

느헤미야의 리더십은 분명한 사명에 뿌리내린 7Q 리더십의 통합적 모델이었습니다. 우리 역시 그처럼, 훈련된 삶의 루틴을 통해 하나님이 주신 사명을 세상 속에서 실현하는 리더로 나아가야 합니다.

3. 사명을 따라 살아가는 리더의 삶의 특징

사명적 리더는 단지 목표를 이루는 사람이 아니라, 매일의 루틴 속에서 자신을 훈련하며 하나님의 부르심에 신실하게 응답하는 사람입니다. 다음 도표는 그러한 사명자의 삶을 구성하는 핵심 특징 5가지를 요약한 것입니다.

번호	사명자의 특징	핵심 설명
1	정체성과 실천의 일치	외적 성과보다 내면의 정체성과 소명을 중심으로 삶을 이끎
2	루틴을 통한 삶의 정렬	매일의 실천 루틴으로 삶을 사명의 방향에 맞게 정비함
3	공동체를 세우는 리더십	자기계발에 머무르지 않고, 가정·교회·일터 안에서 함께 성장하는 공동체를 세우며 섬김의 영향력을 실천함
4	신실함에 집중	결과보다 태도, 성공보다 순종에 가치를 둠
5	고난 속 지속 가능성	환경이 아니라 부르심에 근거하여 흔들림 없이 사명을 지속함

4. 7Q 사명의 루틴 실천표

사명은 무대 위의 특별한 순간이 아니라, 매일의 일상 속에서 구체화됩니다. 반복되는 일과 속에서 루틴을 통해 사명을 실천할 때, 그 사명은 더욱 지속 가능해지고 삶의 중심이 됩니다. 아래는 각 Q 영역별로 적용할 수 있는 사명의 루틴 예시입니다.

Q 영역	사명 루틴 실천 예시
SQ (영성)	하루를 기도와 말씀으로 시작하며, 하나님의 인도하심을 구하는 시간을 갖습니다. 사명은 하나님과의 교제에서 출발합니다.
PQ (긍정성)	어려움 속에서도 감사의 이유를 찾고 고백하는 루틴을 실천합니다. 긍정은 사명을 견디게 하는 믿음의 렌즈입니다.

Q 영역	사명 루틴 실천 예시
IQ (지성)	말씀 묵상과 독서를 통해 하나님의 뜻을 분별하는 지적 루틴을 실천합니다. 분별력은 사명의 방향을 세워줍니다.
CQ (인성)	사람들과의 관계 속에서 겸손과 정직, 용서를 실천합니다. 사명은 인격의 그릇을 통해 전달됩니다.
NQ (사회성)	사명의 여정을 함께할 동역자들과 진정성 있는 관계를 유지합니다. 공동체는 사명의 지속 가능성을 높입니다.
EQ (전문성)	맡겨진 영역에서 최선을 다하고 전문성을 키웁니다. 하나님은 준비된 사람을 통해 일하십니다.
BQ (체력)	규칙적인 운동과 휴식을 통해 체력을 관리하며, 사명을 감당할 몸을 준비합니다. 몸은 사명의 도구입니다.

사명은 고상한 이상이 아니라, 일상의 작은 실천에서 구체화됩니다. 하루하루의 루틴이 곧 사명의 무대입니다. 아래의 표에 각 Q 영역별로 자신만의 사명 루틴을 직접 작성해 보며, 실천 가능한 방향으로 정비해 보시기 바랍니다.

나의 사명 루틴 작성

Q 영역	나의 사명 루틴 실천 내용
SQ	
PQ	
IQ	
CQ	
NQ	
EQ	
BQ	

사명을 향해 나아가라

이제 7Q 셀프 리더십의 여정을 걸어오며, 우리는 '사명'이라는 열매를 향해 마음을 준비해 왔습니다. 여러분의 리더십은 자기 성장을 넘어서, 세상 속 하나님의 뜻을 이루기 위한 거룩한 도구입니다. 사명의 길은 넓지도, 편하지도 않지만, 가장 깊고 오래 남는 길입니다. 하나님은 오늘도, 작은 루틴 속에 충실한 사람을 통해 세상을 바꾸십니다. 이제 여러분의 삶이 하나님의 손에 붙들린 '사명자'로 드려지기를 축복합니다. 매일의 루틴을 통해 사명을 실천하고, 끝까지 주님께 쓰임받는 리더로 살아가십시오. 사명은 내일이 아니라 오늘, 지금 이 자리에서 시작됩니다.

- **성찰과 적용 과제**

  1. 지금까지 실천한 루틴 중에서, 하나님께서 주신 사명과 가장 깊이 연결되었다고 느낀 루틴을 하나 적어보세요.

     → ____

  2. 나의 사명을 더욱 잘 실현하기 위해, 7Q 중 한 영역을 선택하여 오늘부터 실천할 루틴을 구체적으로 계획해보세요.

     → Q 영역: (SQ / PQ / IQ / CQ / NQ / EQ / BQ 중 택1)

     → 루틴 내용: ____________________________________

  3. 하나님께서 내게 맡기신 사명을 생각하며, 하루에 한 줄씩 기도문을 작성해보세요(3일 동안).

     - Day 1: ______________________________________

     - Day 2: ______________________________________

     - Day 3: ______________________________________

- **실천 루틴**

  - 아침 루틴 (SQ): 말씀 묵상 10분 + 오늘의 사명 고백 1줄 작성
  - 점심 루틴 (PQ): 감사 3가지 기록 + 사명을 향한 현재의 도전 1가지 성찰
  - 저녁 루틴 (BQ + CQ): 하루 루틴 실천 점검 + 회복과 격려의 기도
  - 주간 루틴 (IQ, EQ, NQ): 7Q 중 한 가지 약한 영역 하나를 선정하여 1주일 실천 루틴 수립 및 점검

• 소그룹 나눔 질문

1. 최근 나의 삶에서 '하나님의 사명'을 다시 발견하게 된 계기나 사건이 있었나요?

2. 내가 매일 실천하는 루틴 중, 사명과 가장 직접적으로 연결된 루틴은 무엇인가요?

3. 내가 속한 공동체 안에서 감당할 수 있는 사명은 무엇이며, 그것을 구체적으로어떻게 실천하고 싶나요?

• 사명 성장 선언문

"나는 하나님께서 내게 맡기신 사명에 신실하게 응답하기 위해, 매일 7Q 루틴으로 자신을 훈련하며 삶의 자리에서 복음의 열매를 맺는 사명자로 살아가겠습니다. 나의 사명은 나를 위한 비전이 아니라, 세상을 향한 하나님의 부르심이며, 나는 그 부르심 앞에 날마다 순종으로 응답하겠습니다."

• 사명 리더십 명언

"진정한 부르심은, 내가 무엇을 원하는가보다 하나님이 어디로 나를 부르시는가에 달려 있다."

— 오스 기니스 (Os Guinness)

"하나님이 쓰시는 사람은 먼저 깨어진 사람이다"

— 헨리 블랙커비(Henry Blackaby)

제 13장 현장에서 살아내는 7Q 제자도

"루틴이 사명을 만든다."
Routine builds calling

연결 독서	『7Q 셀프 리더십의 톱날을 갈아라』 제11장
요약 메시지	제자도는 지식이 아니라 실천이며, 사역 현장에서 검증되는 리더십입니다
독서 제안	단행본의 결론 메시지를 따라 실제 사역의 자리에서 7Q 리더십을 살아내시기 바랍니다

윌리엄 부스(William Booth)는 19세기 영국에서 산업화로 인해 피폐해진 런던의 거리와 빈민가를 돌며 복음을 전했던 인물입니다. 그는 단지 설교를 전하는 데 그치지 않고, 직접 술집 앞에서 술주정뱅이들에게 찬송을 불러주고, 쓰러진 이들을 집으로 데려가 씻기고 먹였습니다. 어느 날, 한 기자가 부스에게 물었습니다. "당신의 사역은 너무 비효율적인 것 아닙니까? 사람 하나하나 챙기는 건, 큰 변화를 만들 수 없어요."

그때 부스는 이렇게 대답했습니다. "나는 군중을 구하려 하지 않습니다. 나는 오늘 거리에서 만난 한 사람, 그 한 영혼을 위해 존재합니다. 그리고 그 영혼이 하나님의 사랑을 알게 된다면, 그 한 명이 또 다른 세상을 만들 수 있습니다." 부스의 이 삶은 '거리에서 살아내는 복음', '현장에서 실천하는 루틴'의 전형이었습니다. 그는 새벽이면 거리로 나가, 손에 찬송가와 빵을 들고 사람들에게 다가갔습니다. 그리고 기도했습니다. "하나님, 오늘 이 거리에서 단 한 영혼이라도 주님의 사랑을 경험하게 하소서."

이 작은 루틴의 누적이, 결국 전 세계 구호와 복음 사역의 상징인 구세군(The Salvation Army)이라는 운동으로 확산되었습니다. 그의 삶은 우리에게 묻습니다. "너는 지금 어디서, 누구에게 복음을 살아내고 있는가?"

제자도는 지식이나 감정의 고백으로 끝나지 않습니다. 참된 제자는 삶에서 예수님의 부르심에 응답하며 그리스도를 따르는 사람, 즉 예수님의 제자입니다. 그 제자도의 길 위에서 '7Q 셀프 리더십'은 단지 자기계발이 아닌, 하나님 나라의 비전을 품고 살아가는 존재로의 전환을 뜻합니다. 이 장에서는 개인 훈련과 공동체 리더십을 넘어 실제 사역 현장에서 7Q 원리를 어떻게 살아내는지 구체적인 전략과 사례를 중심으로 다룹니다.

1. 7Q 제자도의 개념과 실제 적용

'7Q 제자도'란, 삶의 모든 영역에서 예수님의 성품과 사명을 닮아가며, 각 영역에서 하나님 나라를 드러내는 전인적 제자의 삶을 의미합니다. SQ에서 BQ에 이르는 7Q 구조는 단지 이론이 아니라, 일상 속에서 실천하며 성숙해가는 영적 리더십 여정입니다. 7Q 제자도는 삶을 통합적으로 조직하고 훈련하며, 매일의 루틴을 통해 하나님께 순종하는 삶을 이끌어 줍니다.

7Q 제자도 인포그래픽(현장 적용 예시)

아래 도표는 7Q 제자도가 어떻게 삶의 현장—사역자, 직장인/청년, 가정주부—에서 구체적으로 적용될 수 있는지를 보여주는 예시입니다. 루틴이 제자도를 만들고, 제자도는 삶의 현장에서 검증됩니다.

Q영역	핵심 메시지	사역자 적용	직장인/청년 적용	가정주부 적용
SQ (영성)	말씀과 기도로 하나님과 연결	매일 새벽 기도 루틴	출근 전 묵상 /기도 5분	아이 등원 후 성경 1장 읽기
PQ (긍정성)	믿음의 언어로 상황 해석	사역 피드백 후 감사 나눔	회의 전 감사 선언 1가지	식사 준비 중 감사 3가지 고백
IQ (지성)	하나님의 뜻을 분별하는 지혜	주간 독서 세미나	출퇴근 독서 15분	큐티 노트 정리 및 적용
CQ (인성)	성령의 열매로 성품 다듬기	섬김 사역 중 감정 조절 루틴	갈등 후 용서 이메일 쓰기	아이와의 대화 중 낮은 자세 연습
NQ (사회성)	공감과 관계 회복	소그룹 코칭 대화	직장 동료에게 감사 문자	배우자에게 회복 대화 시도
EQ (전문성)	소명 기반의 실행력 강화	설교 후 자기 점검 루틴	업무 후 성찰노트 작성	가정 경제관리 루틴 점검
BQ (체력)	몸을 통한 사명 준비	주 3회 운동 루틴	점심시간 10분 산책	하루 7시간 수면 루틴 유지

현장에서 살아난 7Q 제자도의 실천 열매

한 청년 리더는 매주 7Q 체크리스트를 바탕으로 사역 루틴을 점검하며, 지치지 않는 영적 리더십을 실천하고 있습니다. 특히 공동체 리더로서 매주 팀원들과 함께 나누는 "감사 고백 – 실수 피드백 – 한 가지 칭찬" 루틴은 팀 내의 신뢰와 성장을 이끄는 중요한 도구가 되었습니다. 그는 이렇게 고백했습니다. "리더는 말이 아니라 삶으로 가르칩니다. 매일의 루틴이 제자도를 만들고, 공동체는 그 루틴의 열매를 함께 누립니다."

2. 일상 루틴으로 다시 구조화된 7Q

1) 성경 인물과 7Q 루틴의 삶: 바울과 디모데

다음은 성경 속 인물들이 어떻게 삶의 루틴 속에서 제자도를 실천했는지를 요약한 표입니다.

성경 인물	적용된 7Q	설명
바울	SQ, PQ, IQ, NQ, EQ, BQ	하루 세 번 기도(SQ), 고난 중 감사 고백(PQ), 서신서를 통한 지적 리더십(IQ), 디모데·디도와의 멘토링(NQ), 전략적 선교(EQ), 자기 절제(BQ)
디모데	SQ, CQ, NQ, IQ, BQ	신실한 기도(SQ), 인내와 정직의 성품 리더십(CQ), 바울과의 신뢰 관계(NQ), 성경 지식과 가르침(IQ), 젊은 사역자로서의 자기관리(BQ)

2) 7Q를 삶으로 살아낸 시니어 제자의 이야기

김영수 장로는 은퇴 이후 삶의 의미를 다시 찾기 위해 기도하던 중, 교회에서 열린 7Q 셀프 리더십 세미나에 참여하게 되었습니다. 그날 이후 그는 자신의 '7Q 루틴 노트'를 만들고, 매일 말씀 묵상 30분(SQ), 하루 3가지 감사 일기 작성(PQ), 자녀들과의 소통 일지 기록(NQ, CQ), 주 1회 성경통독반 교사 섬김(IQ, EQ), 주 4회 건강 산책(BQ)을 실천해 왔습니다. 그는 이렇게 고백했습니다. "나는 은퇴했지만, 하나님 앞에서는 여전히 사명자입니다. 7Q는 내 삶을 다시 예배의 리듬으로 회복시켜주었습니다."

삶으로 복음을 전하는 제자

제자도의 완성은 지식이 아니라, 삶에서 실천되는 순종에 있습니다. 7Q 제자도는 단순한 성경 공부나 일회성 프로그램이 아니라, 예수님의 제자로서 일상 속 루틴을 통해 복음을 살아내는 실천 훈련입니다. 기도하고, 감사하고, 배우고, 용서하고, 관계를 세우고, 사명을 감당하며, 몸을 돌보는 일상의 작은 루틴들이야말로 오늘날 세상이 기다리는 살아 있는 복음입니다.

하나님은 화려한 사역보다 신실한 일상을 기뻐하시며, 크고 거창한 외침보다 조용한 실천을 통해 제자의 열매를 맺게 하십니다. 오늘 하루의 루틴이 곧 복음이 되게 하십시오. 그리고 그 복음이 당신의 손과 발과 말을 통해 세상에 흘러가게 하십시오. 예수님은 "너희는 나를 따르라"고 말씀하셨고, 제자들은 그 부르심 앞에 삶 전체를 내려놓고 따랐습니다. 오늘 우리는 교회 예배당 안이 아니라, 가정과 직장, 공동체와 삶의 현장 한복판에서 그 부르심을 실천하는 예수님의 제자로 부름받았습니다. 7Q 제자도는 그 부르심에 '삶으로 응답하는 루틴'입니다.

• 제자도 결단 메시지

"나는 오늘도, 복음이 되는 삶을 선택하겠습니다."
"나의 루틴은 사명이 되고, 나의 사명은 삶으로 증명됩니다."

• 제자 루틴 고백문

아래는 제자로서 일상의 루틴을 통해 복음을 살아내는 고백문 예시입니다. 먼저 예시를 참고한 후, 자신만의 삶의 루틴을 고백문으로 작성해보십시오. 우리가 실천하는 작은 루틴은 예수님을 따르는 삶, 즉 예수님의 제자로서의 삶을 형성하는 중요한 영적 습관입니다.

• 고백문 예시

- 나는 제자로서, 매일 아침 말씀을 묵상하는 루틴을 실천하겠습니다.
- 나는 제자로서, 감사한 일을 기록하고 긍정 언어를 사용하는 루틴을 실천하겠습니다.
- 나는 제자로서, 매주 한 사람에게 격려 메시지를 보내는 루틴을 실천하겠습니다.

• 나의 제자 루틴 고백

"나는 제자로서, ＿＿＿＿＿＿＿＿＿＿＿＿＿＿＿＿＿＿＿ 를 실천하겠습니다."
아래 빈칸에 여러분의 삶의 자리에서 실천할 루틴을 직접 적어보십시오.

1. 나는 제자로서, ________________________________ 를 실천하겠습니다.

2. 나는 제자로서, ________________________________ 를 실천하겠습니다.

3. 나는 제자로서, ________________________________ 를 실천하겠습니다.

이 고백문은 매일의 루틴을 복음의 실천으로 연결하는 중요한 다짐입니다. 삶의 현장에서 작지만 의미 있는 루틴을 선택하고 실천하며, 오늘도 복음이 되십시오.

• 성찰과 적용 과제

1. 일상 속에서 실천하고 있는 '7Q 제자 루틴'을 하루 단위로 기록해보세요.

- □ 오늘 실천한 SQ 루틴:

- □ 오늘 실천한 PQ 루틴:

- □ 오늘 실천한 IQ 루틴:

- □ 오늘 실천한 CQ 루틴:

- □ 오늘 실천한 NQ 루틴:

- □ 오늘 실천한 EQ 루틴:

- □ 오늘 실천한 BQ 루틴:

2. 내가 가장 자주 놓치는 Q 루틴은 무엇이며, 그 이유를 성찰해보세요.

□ 자주 놓치는 Q:

□ 그 이유:

3. 이번 주 한 가지 루틴을 정하여 '반복 실천' 전략을 세워보세요.

□ 선택한 루틴:

□ 실천 계획:

- 언제:

- 어떻게:

- 점검 방법:

• 7Q 실천 루틴

- SQ – 하루 시작 10분 말씀 묵상 및 기도
- PQ – 감사 노트 3줄 작성 및 긍정 언어 사용
- IQ - 책 20페이지 이상 읽고, 인상 깊은 문장 1개 + 적용 질문 작성
- CQ – 하루 한 번 축복 언어와 미안함 표현
- NQ – 감사 메시지 전송 또는 회복 대화 실천
- EQ – 사역 결과물 피드백 정리 및 개선 시도
- BQ – 점심 후 15분 걷기 및 물 2L 섭취

• 소그룹 나눔

1. 내가 가장 잘 실천하고 있는 7Q 루틴은 무엇이며, 어떤 열매를 경험하셨나요?

2. 7Q 루틴을 공동체와 함께 실천할 때 가장 큰 도전은 무엇이었나요?

3. 최근 내가 경험한 '삶으로 복음을 전한 순간'이 있다면 나눠보세요.

• 제자도 성장 선언문

"나는 삶으로 예수님의 제자도를 실천하며, 7Q 루틴을 통해 일상 속에서 하나님 나라를 살아가겠습니다. 작은 실천이 복음이 되고, 매일의 루틴이 제자의 길이 되도록 오늘도 순종하겠습니다."

• 제자도 리더십 명언

"제자도는 교회 안에서 완성되지 않고, 삶의 현장에서 검증된다."

— 프랜시스 챈 (Francis Chan)

"하루 10분의 제자도 루틴이, 평생의 성공 방향을 바꾼다."

— 크레이그 그로쉘 (Craig Groeschel)

교재는 덮지만,
루틴은 이제 시작입니다

여러분은 지금까지 7Q 셀프 리더십의 여정을 함께 걸어오셨습니다.

때로는 자신을 돌아보는 솔직한 통찰이 필요했고,

때로는 작지만 꾸준한 루틴이 인생을 바꾸는 씨앗이 되었습니다.

이 책의 마지막 장을 덮지만, 여러분의 사명 여정은 지금부터 시작입니다.

루틴은 결심이 아니라 훈련이며, 하루하루를 거룩한 목적 안에서 살아내는 실천입니다. 여러분의 삶이 곧 복음이 되기를 소망합니다.

하루 10분, 하나님과 연결된 루틴으로 다시 시작해 보십시오.

작은 실천을 포기하지 않는 여러분이, 바로 끝까지 가는 리더입니다.

파송 기도문

주님, 이 여정을 함께한 사명자 위에

당신의 기름 부으심과 은혜를 부어주소서.

하루 10분의 실천이 그의 삶을 변화시키고,

그 삶이 다시 세상을 변화시키는 사명의 루틴이 되게 하소서.

지칠 때마다 다시 일어서는 내면의 용기를 주시고,

모든 삶의 자리를 예배의 자리로 바꾸는 셀프 리더로 세워주소서.

이젠 교회 안에만 머무르지 않고,

가정과 일터, 공동체를 회복시키는 7Q 리더로 파송되게 하소서.

예수 그리스도의 이름으로 축복하며 기도합니다. 아멘.

7Q 훈련의 여정을 마무리하며, 이 고백문을 통해 삶으로 주님을 따르겠다는 제자의 다짐을 함께 올려드립니다.

7Q 제자의 고백

하나님, 이제 나는
지식이 아닌 삶으로 주님을 따르는 제자가 되기를 원합니다.

새벽을 깨워
SQ – 경건의 불꽃을 지키고,
감사와 믿음의 언어로
PQ – 매일 긍정을 선택합니다.
말씀과 지혜로
IQ – 세상을 해석하고,
정직과 용서로
CQ – 예수님의 성품을 닮아갑니다.
관계를 회복시키는 다리가 되어
NQ – 공동체를 세우고,
사명을 감당할 실력을 길러
EQ – 하나님 나라의 도구가 되겠습니다.
그리고 잊지 않겠습니다.
나의 몸이 곧 주님의 성전임을.
BQ – 건강한 루틴 안에
주의 기름부으심이 머물게 하소서.

나는 7Q로 살아가는 제자입니다.
나를 통해 가정과 교회, 세상 가운데
하나님의 나라가 흐르기를 소망합니다.

부록 안내 및 활용 가이드
How to Use the Appendix

『7Q 셀프 리더십 학교 – 1급 훈련 워크북』의 부록은 본 교재의 실천적 훈련을 돕기 위한 도구입니다. 본 부록은 다음 세 가지 목적에 따라 구성되어 있습니다: ① 실천 훈련 강화, ② Q별 심화 적용, ③ 리더십 영감 나눔. 개인 또는 소그룹은 필요에 따라 매일, 매주 활용하실 수 있습니다.

부록 A – 루틴 실천 및 진단 도구

훈련의 기초와 자기 점검을 위한 핵심 도구 모음

- A1. 30일 루틴 실천 플래너
  - → 하루의 루틴을 기록하며 습관 형성을 돕는 달력형 도구
- A2. 7Q 훈련 루틴 실천 점검표
  - → 각 Q 영역별 실천 여부를 주간 단위로 체크할 수 있는 워크시트
- A3. 7Q 실천 진단표와 변화성장 노트
  - → 일주일 단위의 루틴 점검과 성찰 기록을 통해 변화를 추적

활용 예시: 개인 루틴 진단, 소그룹 과제, 교육 전 자기평가 등

부록 B – Q별 실천 매뉴얼

각 Q 영역을 심화 훈련하기 위한 개별 워크북 자료

- B1–B7. SQ ~ BQ 루틴 실천 강화 매뉴얼

  각 Q 영역별 대표 루틴과 적용 전략을 간단한 실천 노트 형식으로 정리

활용 예시:

– Q별 집중 훈련 또는 캠프용 워크북

– 코칭 연습 과제 또는 강의 후 연계 실습

– 리더십 성장 노트로 활용 가능

※ 각 Q별 루틴 적용 예시 모음은 코치 교재에 나옵니다.

부록 C – 동기 부여 및 학습 자료

루틴 실천을 지속시키는 영감 자료와 나눔 도구

- C1. 루틴 선언문 및 축복기도문 모음집

  → 예배, 소그룹, 수료식 등에서 활용 가능한 영적 선언과 기도문

- C2. 루틴 명언 모음집

  → 리더십 세미나, 소그룹 나눔, 포스터 제작 시 활용 가능한 명언집

- C3. 7Q 수료 후의 리더십 여정

  → 수료 이후 지속적 루틴 실천과 공동체 적용을 위한 성장 가이드

활용 예시: 훈련 마무리 시간, 소그룹 나눔, 강의 도입, 교회 주보 인용 등

부록 활용 가이드 요약표

부록 구분	주요 목적	추천 활용 방식
A 부록	진단과 점검	루틴 설계, 사전 자기평가
B 부록	Q별 훈련 강화	워크북 심화코칭, Q별 개별 훈련
C 부록	영감과 나눔	예화 인용, 리더십 교육자료, 선언문 활용

루틴 실천 및 진단 도구

7Q 실천 루틴은 제10장에서 설계한 루틴을 토대로 실천과 점검이 반복될 때 진정한 내면의 변화가 일어납니다. 본 부록 A에서는 이를 위한 30일 루틴 체크 플래너(A1)와 주간 점검표(A2)를 제공합니다.

부록 A1. 7Q 30일 루틴 실천 플래너(예시)

이 플래너는 각 Q 영역별로 30일간 루틴 실천을 계획하고 기록하는 도구입니다. 하루에 하나씩 루틴을 실천하며, 점검해보시기 바랍니다.

Day	Q	오늘의 루틴	체크
Day 1	SQ	아침 묵상 10분 + 말씀 필사	☐
Day 2	SQ	감사기도 3가지 고백	☐
Day 3	SQ	하루 3구절 암송과 묵상	☐
Day 4	SQ	성령 인도에 민감해지기 위한 기도	☐
Day 5	PQ	감사일기 3가지 작성	☐
Day 6	PQ	오늘의 긍정 언어 사용 3회 기록	☐
Day 7	PQ	'절망 상황' 1개를 '긍정 해석'으로 바꾸기	☐
Day 8	PQ	격려 문자 1통 보내기	☐
Day 9	IQ	책 30페이지 이상 읽고 요약	☐
Day 10	IQ	오늘의 질문 1개 쓰고 답하기	☐
Day 11	IQ	성경 또는 도서 문장 필사 5줄	☐

Day	Q	오늘의 루틴	체크
Day 12	IQ	지적 대화 시도하기 (30분 이상)	☐
Day 13	CQ	오늘 실천한 정직 행동 1가지 기록	☐
Day 14	CQ	용서를 실천한 경험 되새기기	☐
Day 15	CQ	나의 성품 점검표 작성	☐
Day 16	CQ	피드백을 겸손하게 받기	☐
Day 17	NQ	먼저 인사 + 미소 3회 실천	☐
Day 18	NQ	회복적 대화 실습 (나는 느낀다 → 공감)	☐
Day 19	NQ	친구/가족에게 칭찬 문자 1통	☐
Day 20	NQ	공동체 안에서 섬김 실천	☐
Day 21	EQ	나의 강점 3가지 정리	☐
Day 22	EQ	강점 관련 활동 10분 실습	☐
Day 23	EQ	멘토에게 조언 구하기	☐
Day 24	EQ	사역 또는 업무 훈련 반복 실천	☐
Day 25	BQ	아침 스트레칭 10분	☐
Day 26	BQ	건강한 식단 기록	☐
Day 27	BQ	물 1.5리터 이상 마시기	☐
Day 28	BQ	조기 취침 및 7시간 수면	☐
Day 29	BQ	운동 또는 산책 30분	☐
Day 30	7Q	통합 결단문 작성 – 나의 7Q 변화 이야기	☐

Day 30: 통합 결단문 작성 – "나의 7Q 변화 이야기"

나는 30일 동안의 7Q 루틴 여정을 통해, 나 자신을 하나님 앞에 다시 세우는 회복의 길을 걸어왔습니다. 이 훈련은 단순한 습관이 아니라, 내 삶을 변화시키는 은혜의 루틴이었습니다. 앞으로도 7Q 루틴을 따라, 사명과 쉼이 균형잡힌 전인적 리더로 자라가겠습니다.

- **예시 1:**

  "나는 다시 내 삶의 균형을 찾았습니다. 하나님과 함께하는 루틴을 통해, 지친 리더가 아닌 회복된 예배자로 살아가겠습니다."

- **예시 2:**

  "7Q 루틴을 통해 내 존재와 사명이 회복되었습니다. 매일 한 걸음씩, 하나님과 함께 전인적 리더십을 실천하겠습니다."

- **나의 고백 및 결단문 작성:**

  (아래 빈 칸에 본인의 소감과 다짐을 적어보세요)

____

____

____

____

____

____

부록 A2. 7Q 훈련 루틴 실천 점검표

아래의 점검표는 『7Q 셀프 리더십 학교 – 1급 훈련 워크북』의 핵심 루틴을 주간 또는 월간 단위로 점검하기 위한 실천표입니다. 각 항목을 스스로 체크해보며, 자신의 삶 속에서 7Q 루틴이 잘 실천되고 있는지 점검해보세요.

- 이 점검표는 제10장에서 설계한 루틴의 주간 피드백 도구로 사용됩니다.

Q영역	핵심 루틴	실천 빈도 (주간)	비고
SQ (영성)	새벽 묵상 / 말씀 필사 / 영적 일기	☐ 1회 ☐ 2회 ☐ 3회 이상	
PQ (긍정성)	감사 일기 / 긍정 선언 / 은혜 나눔	☐ 1회 ☐ 2회 ☐ 3회 이상	
IQ (지성)	통독 계획 / 독서 정리 / 통찰 나눔	☐ 1회 ☐ 2회 ☐ 3회 이상	
CQ (인성)	성품 훈련 / 회복적 대화 / 인격 저널	☐ 1회 ☐ 2회 ☐ 3회 이상	
NQ (사회성)	관계 맥북 / 경청 훈련 / 회복 대화	☐ 1회 ☐ 2회 ☐ 3회 이상	
EQ (전문성)	사역 기술 훈련 / 리더십 실습 / 실행 계획	☐ 1회 ☐ 2회 ☐ 3회 이상	
BQ (체력)	아침 걷기 / 물 1.5L 마시기 / 수면 루틴	☐ 1회 ☐ 2회 ☐ 3회 이상	

이 점검표는 7Q 셀프 리더십 실천 루틴을 주간 단위로 점검하며, 각 Q 영역의 훈련 진행 상황을 스스로 체크하고 피드백하는 데 사용됩니다. 매주 자신이 얼마나 실천했는지를 체크하고, 주간 피드백란에 느낀 점이나 개선할 점을 간단히 정리해 보세요.

주차	SQ (영성)	PQ (긍정성)	IQ (지성)	CQ (인성)	NQ (사회성)	EQ (전문성)	BQ (체력)	주간 피드백
1주차	☐	☐	☐	☐	☐	☐	☐	
2주차	☐	☐	☐	☐	☐	☐	☐	
3주차	☐	☐	☐	☐	☐	☐	☐	
4주차	☐	☐	☐	☐	☐	☐	☐	
5주차	☐	☐	☐	☐	☐	☐	☐	
6주차	☐	☐	☐	☐	☐	☐	☐	
7주차	☐	☐	☐	☐	☐	☐	☐	
8주차	☐	☐	☐	☐	☐	☐	☐	

※ 참고: 7Q 루틴 실천 통합 매뉴얼은 코치 교재에 수록되어 있습니다. "주간 실천을 점검한 후, 자신의 변화 수준을 성찰하고 계획을 세우려면 다음 A3의 '루틴 실천 진단표와 변화성장 노트'를 함께 활용해보세요."

부록 A3. 7Q 루틴 실천 진단표와 변화성장 노트

이 진단표는 현재 자신의 7Q 실천 정도를 점검하고, 이를 바탕으로 실천 계획과 변화 방향을 설계하기 위한 도구입니다. 각 Q영역별로 Before–After 평가를 하고, 실천 계획과 다짐을 변화성장 노트에 기록해 보세요.

1. 7Q 실천 진단표 – Before & After 평가

점수 기준: 1(전혀 아니다) | 2(아니다) | 3(보통이다) | 4(그렇다) | 5(매우 그렇다)

Q 영역	진단 문항	Before (점수)	After (점수)
SQ (영성)	나는 매일 규칙적으로 말씀을 묵상한다.		
PQ (긍정성)	나는 감사의 표현을 생활화하고 있다.		
IQ (지성)	나는 독서나 학습을 통해 사고를 발전시킨다.		
CQ (인성)	나는 감정을 조절하고 인격적으로 타인을 대한다.		
NQ (사회성)	나는 경청과 공감으로 관계를 맺고 있다.		
EQ (전문성)	나는 맡은 일을 책임감 있게 계획하고 실행한다.		
BQ (체력)	나는 건강한 루틴으로 몸을 잘 관리하고 있다.		

2. 변화성장 노트

다음 질문에 따라 자신의 루틴 실천 계획과 성장 다짐을 자유롭게 기록해 보세요.

1) 지금 나에게 가장 시급한 회복이 필요한 Q영역은 무엇인가요? 그 이유는?

2) 그 영역의 루틴 중 한 가지를 선택해, 이번 주 구체적인 실천 계획을 세워보세요.

3) 루틴 실천을 통해 내가 기대하는 변화는 무엇인가요?

4) 한 달 뒤 나는 어떤 모습으로 성장해 있기를 기대하나요?

5) 오늘 나에게 주신 하나님의 메시지 또는 통찰이 있다면 적어보세요.

3. 리마인드 노트: 1개월 후 변화 실감 노트

아래 공간에 30일 동안 7Q 루틴을 실천하며 느낀 변화, 깨달음, 앞으로의 다짐을 자유롭게 적어보세요.

예: PQ를 통해 하루를 감사로 시작하며 직장 내 스트레스가 줄었음을 느꼈습니다...

____

____

____

____

____

____

부록 B 각 Q별 루틴 실천 매뉴얼

부록 B1. SQ 루틴 실천 강화 매뉴얼

1. SQ 루틴 핵심 구조 요약 – 4차원 기반

차원	핵심 요소	실천 루틴 예시
생각의 영성	말씀으로 사고 정렬	자화상 긍정 선언 + 말씀 암송
믿음의 영성	현실보다 약속을 신뢰	믿음 기도문 작성 + 감사 고백
꿈의 영성	하나님의 비전 상상	비전 노트 + 미래기도 5분
말의 영성	선포와 해석의 언어 훈련	하루 3회 예언적 선포 + 축복기도

2. 7일 4차원 영성 루틴 챌린지 예시

Day	주제	실천
Day 1	나의 생각 점검	부정적 사고 → 말씀으로 재정렬 (예: 롬 12:2)
Day 2	믿음의 기도문 작성	현재 문제를 하나 선택하고, 믿음의 언어로 기도문 작성
Day 3	하나님의 비전 노트	'5년 후 나의 사명' 상상하며 기도와 함께 기록
Day 4	감사 고백 루틴	오늘 감사한 3가지 기록 + 감사 선포
Day 5	말씀 묵상 루틴	시편 1편 묵상 + SOAP 정리
Day 6	예언적 선포 훈련	하루 3회 루틴 (아침/점심/저녁) 적용
Day 7	전체 리뷰 + 고백문 작성	7일 루틴을 요약하고 나만의 SQ 선언문 작성

3. 성령님의 음성 듣기 훈련 루틴 요약

루틴	설명
하루 한 줄 음성 노트	"오늘 말씀 중 가장 내게 주신 하나님의 음성은?"
레마 필사노트	큐티 중 감동 받은 구절을 매일 기록
환경/설교/사람을 통한 통찰	설교나 관계 속 하나님의 음성을 구별하여 노트에 정리

4. 상황별 SQ 선언문 정리

상황	선언문
고난 중	나는 고난 속에서도 하나님의 선하심을 신뢰합니다.
혼란 중	하나님의 음성은 혼란 속에서도 명확합니다. 나는 그 뜻을 따릅니다.
성공 중	모든 성공은 하나님의 은혜이며, 나는 겸손히 그분께 영광 돌립니다.
사역 중	오늘의 사역은 내 열심이 아닌 성령의 인도하심으로 완성됩니다.

5. 하루 3회 예언적 선포 루틴(예시)

시간대	예언적 선포문
아침	오늘 저는 하나님의 뜻 안에 거하며, 성령님의 인도하심을 따라 걷게 될 것입니다. 주께서 준비하신 길로 담대히 나아갑니다.
점심	지금 이 순간에도 하늘의 문은 열려 있으며, 하나님의 뜻이 저를 통해 이루어지고 있습니다. 저는 오늘도 세상 가운데 하나님의 통로가 되겠습니다.
저녁	오늘 하루도 하나님의 은혜로 보호받았으며, 주의 음성에 귀 기울이고 순종하였습니다. 내일은 더욱 큰 기름부음과 부르심 속으로 나아가겠습니다.

부록 B2. PQ 루틴 실천 강화 매뉴얼

1. 절대긍정 해석 훈련 루틴

단계	훈련 내용	적용 예시
1단계	부정 해석 감지하기	"왜 나만 이래?" → "하나님이 특별히 훈련 주시는 중이야"
2단계	말씀 기반 재해석	롬 8:28, 요셉 이야기, 십자가 → 부활 관점 해석
3단계	믿음 고백 선언	"이 상황 속에서도 하나님의 선을 기대합니다."

2. 감사 일기 21일 루틴

주차	주제	예시 감사 항목
1주차	사람 중심 감사	부모님, 친구, 선생님 등
2주차	사건 중심 감사	회복된 관계, 이직, 실패 후 배움 등
3주차	하나님의 성품 감사	인자하심, 성실하심, 오래 참으심 등

- 고백문 예시: "오늘도 감사할 이유가 있습니다. 저는 하나님의 은혜 속에 살아갑니다."

3. PQ 예언적 선언 루틴 (아침/낮/저녁)

시간대	예언적 선언문
아침	저는 오늘, 감정보다 믿음을 선택하겠습니다. 하나님의 시선으로 오늘을 해석하며, 기쁨을 향해 걷겠습니다.
낮	지금 이 순간에도, 저는 상황이 아닌 하나님의 말씀으로 저를 해석하고 있습니다. 감사는 저의 무기입니다.
저녁	오늘 하루, 저는 낙심이 아닌 회복을 선택했습니다. 제 마음은 주님의 은혜 안에서 다시 일어섭니다.

4. 오중긍정 루틴 고백문

구분	고백문 예시
자신	저는 하나님의 걸작품이며, 주님의 시선 안에서 귀한 존재입니다.
타인	저는 오늘도 누군가를 존중하고 축복하는 말을 선택하겠습니다.
사명	저는 결과보다 부르심에 집중하며, 끝까지 충성하겠습니다.
환경	지금 이 상황도 합력하여 선을 이루실 하나님을 신뢰합니다.
미래	저는 내일의 가능성보다 내 안의 믿음을 먼저 준비하겠습니다.

5. 상황별 PQ 고백문 (7가지 상황)

상황	예언적 고백문
실패 중	이 실패는 저를 단련하는 하나님의 도구입니다.
외로움 중	저는 혼자가 아니라, 하나님의 사랑 안에 있습니다.
비교 중	하나님은 저에게 꼭 맞는 때를 준비하고 계십니다.
두려움 중	저는 두려움보다 약속의 말씀을 붙들겠습니다.
혼란 중	저는 지금도 하나님의 질서와 평안을 선택합니다.
비난 중	하나님은 제 마음을 아시며, 진리로 저를 세우십니다.
낙심 속	저는 오늘도 주님의 은혜로 다시 일어섭니다.

부록 B3. IQ 루틴 실천 강화 매뉴얼

1. 실천 루틴 예시

루틴 명칭	실천 내용 예시
성경+책 통합 독서 루틴	성경 1장과 일반 도서 1장을 병행 읽고 핵심 문장을 요약
지성 묵상 노트 루틴	묵상 또는 독서 후 3가지 적용 질문 작성
기독교 고전 묵상	C.S. 루이스 명문장 묵상 후 정리
지성 Q&A 루틴	매주 1개의 신앙 질문 정리 및 토론

2. IQ 훈련 4단계 루틴

단계	핵심 명령	설명	실천 예시
1단계	읽으라 (Read)	기초 지식 습득 및 독서/묵상 훈련	하루 15분 말씀/책 읽기
2단계	생각하라 (Reflect)	사고력 훈련 및 질문화	요약 + 질문 3가지 정리
3단계	계속 배우라 (Keep Learning)	지속적인 학습과 성장	온라인 강의, 독서모임 운영
4단계	분별하라(Discern)	성령의 지혜로 판단 및 실천	기도 후 통찰 적용

3. 21일 지성 루틴 챌린지 (3단계)

기간	훈련 내용	실천 목표
Day 1~7	성경 통독 구간 정리	하루 3장 이상 읽고 요약문 작성
Day 8~14	기독교 고전/신학서 읽기	핵심 문장 + 적용 질문 기록
Day 15~21	일반 지성 서적 독서	신앙적 관점에서 한 줄 고백 작성

4. 기독교적 사고 훈련 루틴 – 4가지 질문

질문 항목	적용 예시
이 정보는 성경적으로 옳은가?	내용과 진리 기준 비교
나의 삶에 어떤 도전을 주는가?	구체적 적용 영역 찾기
공동체에 유익이 있는가?	나눔/전도/섬김으로 연결 가능성
어떻게 적용할 수 있는가?	오늘 삶에 적용한 실천 작성

5. 신앙 기반 독서 전략

항목	실천 방법
관점 전환	"하나님은 이 책에서 무엇을 말씀하시는가?" 질문 훈련 – 성경적 사고력 기반으로 읽기
고백문 작성	책마다 "한 문장 믿음 고백" 정리 → 예: "이 책을 통해 삶의 태도를 점검했습니다."
적용 기록	책 내용 중 삶에 적용할 내용을 1가지 정리하고, 그날 실천 계획까지 적어보세요.
공동체 나눔	책에서 인상 깊었던 문장을 공동체(소그룹, 가정 등)에 나누고 적용 토론하기

부록 B4. CQ 루틴 실천 강화 매뉴얼 (도표 구성)

1. 인성 성장 7일 훈련 루틴

Day	실천 내용
Day 1 – 정직	오늘 하루, 숨기지 않고 진실을 말하며 책임졌던 순간을 구체적으로 적어보세요.
Day 2 – 겸손	나의 연약함을 인정하고 타인을 높였던 대화나 행동을 돌아보세요.
Day 3 – 용서	마음속 미움이나 분노를 말씀으로 해석해보고, 축복의 기도로 전환해보세요.
Day 4 – 책임	말과 행동에 책임졌던 일을 기록하며, 하나님 앞에서의 태도를 점검해보세요.
Day 5 – 축복	나를 힘들게 한 사람을 위한 기도문을 직접 작성해보세요.
Day 6 – 자기 조절	감정이 격해질 때 침묵하거나 기도로 반응한 구체적 사례를 적어보세요.
Day 7 – 성찰	일주일간 인격 실천을 돌아보고, 가장 감사한 점 3가지를 감사일기로 정리해보세요.

2. 감정 충돌 대응 루틴 – 인격적 반응 훈련 5단계

단계	내용
1. 10초 침묵	감정이 올라올 때 반응 전에 잠시 멈추고 침묵하세요.
2. 감정 이름 붙이기	"나는 지금 __________을 느낀다"고 감정을 명확히 인식하세요.
3. 진실 질문	"이 감정의 뿌리는 무엇인가?"를 자신에게 물어보세요.
4. 회복 기도 또는 선언	상황에 맞는 말씀을 묵상하며 회복의 기도를 드리세요.
5. 하루 후 재접근	감정이 가라앉은 후 인격적으로 대화를 재시도해보세요.

3. 3. CQ 실천 일지 예시 양식(성령의 열매 또는 개인 덕목 중심)

날짜: _______________________________________

오늘 실천한 인격적 행동:

____

____

느낀 점 또는 변화:

____

____

오늘 말씀 또는 적용한 성경 구절:

____

____

내일 실천할 인격적 루틴 계획:

____

____

공동체 나눔 내용 또는 피드백:

____

____

부록 B5. NQ 루틴 실천 강화 매뉴얼

1. 관계 성장 7일 훈련 루틴

Day	실천 루틴
Day 1 – 미소	오늘 3명 이상에게 먼저 웃으며 인사해 보세요.
Day 2 – 인사	평소 어색한 사람에게 먼저 인사해 보세요.
Day 3 – 경청	하루 한 사람에게 말 끊지 않고 끝까지 들어보세요.
Day 4 – 감사	오늘 고마움을 느낀 사람에게 짧은 감사 메시지를 보내보세요.
Day 5 – 사과	마음에 걸리는 사람이 있다면, 용기 내어 사과의 메시지를 전해보세요.
Day 6 – 화해	멀어진 사람 한 명을 떠올리고 안부 인사를 전해보세요.
Day 7 – 축복	공동체 구성원 한 명을 위해 짧은 중보기도를 드려보세요.

2. 미인대칭 루틴 실천 가이드

항목	설명	루틴 예시
미소	밝은 표정은 모든 관계의 문을 엽니다.	거울 앞에서 미소 연습 후 사람들과 웃으며 인사하기
인사	먼저 인사하는 사람이 관계의 주도자입니다.	어색했던 사람에게 먼저 인사 건네기
대화	가벼운 대화가 깊은 관계의 출발입니다.	"요즘 어떠셨어요?" 같은 질문으로 짧은 대화 시도
칭찬	진심 어린 칭찬은 관계를 따뜻하게 만듭니다.	한 사람의 장점을 찾아 칭찬 한마디 건네기

3. 회복 대화 실천 루틴 (3단계)

단계	실천 방법
Step 1. 감정 표현	"그때 나는 서운했어요"처럼 자신의 감정을 솔직히 표현합니다.
Step 2. 공감 경청	"당신은 어떤 마음이었나요?"라고 물으며 끝까지 경청합니다.
Step 3. 연결 제안	"우리 다시 잘 지내면 좋겠어요"처럼 관계 회복의 마음을 전합니다.

4. 감정 나침반 일기 (글 기반 양식)

1. 오늘 관계에서 가장 인상 깊었던 상황은?

→ ____

2. 그때 내가 느낀 감정은 무엇이었나요?

→ ____

3. 그 감정의 이유는 무엇인가요?

→ ____

4. 상대방은 어떤 마음이었을까요? (상상해 보기)

→ ____

5. 회복 또는 연결을 위한 나의 다음 행동은?

→ ____

　　　　　　　　　　　　　　　　　　　　7Q 셀프 리더십 학교

5. 관계 회복 루틴 5단계 구조

단계	핵심 질문	실천 예시
1단계	관계를 회피하고 있지는 않나요?	불편했던 사람의 이름을 적어보세요.
2단계	먼저 다가가볼 수 있나요?	안부 문자 한 통을 보내보세요.
3단계	상대를 이해하려고 노력했나요?	"당신의 입장에서는 어땠나요?"라고 물어보세요.
4단계	내 감정을 정직하게 나눴나요?	"나는 그때 좀 상처받았어요"라고 말해보세요.
5단계	관계를 지속할 작은 연결을 실천했나요?	주기적인 연락 또는 기도 리스트에 올려보세요.

6. NQ 실천 일지 양식 (예시)

- 실천 날짜:

____

- 실천한 루틴:

____

- 오늘 나눈 관계 상황:

____

- 느낀 점 또는 적용 소감:

____

부록 B6. EQ 루틴 실천 강화 매뉴얼

1. 전문성 루틴 7일 챌린지

Day	핵심 루틴 주제	실천 내용
Day 1	소명 선언	나의 사역/직업에서 하나님의 부르심을 묵상하고 '소명 선언문'을 작성해 보세요.
Day 2	작은 일에 최선 다하기	이메일, 문서 정리 등 일상의 작은 일에 최고의 책임감으로 임해보세요.
Day 3	강점 노트 작성	하나님이 주신 강점 3가지를 적고, 실제 사용한 경험을 회상해 보세요.
Day 4	멘토링 받기	멘토와 대화하거나 멘토의 책/강의를 요약해 보세요.
Day 5	콘텐츠 만들기	전문 분야 관련 콘텐츠(글, 영상, 강의안 등) 1건을 기획하고 초안 작성하기.
Day 6	적용 사례 나누기	최근 배운 내용을 공동체나 SNS를 통해 나누거나 적용한 사례 정리하기.
Day 7	루틴 점검과 기도	6일간의 루틴을 점검하고, 새로운 목표와 기도 제목을 정리하며 마무리 기도 드리기.

2. 하루 루틴 실천 예시

시간대	루틴 실천 내용
아침	오늘 맡은 사역 또는 업무에서 적용할 '한 가지 실행 항목'을 기도하며 적기
업무 전	어제 실행했던 루틴에 대한 1줄 피드백 성찰 일기 쓰기
저녁	그날의 사역 중 잘한 점과 개선할 점을 짧게 정리하기

3. 주간 루틴 실천 예시

주기	루틴 실천 내용
주 1회	내가 맡은 분야에서 새로운 콘텐츠나 지식을 정리하여 요약하기
주 1회	강점 노트에 실제 적용한 사례 기록하기 (어디서, 어떻게?)
주 1회	멘토나 동역자에게 피드백 요청 및 정리하기

4. 월간 루틴 실천 예시

주기	루틴 실천 내용
매월 1회	중간 점검 회의나 피드백 모임에 참여하기
매월 1회	공동체나 팀에 적용할 수 있는 콘텐츠나 강의안 기획·시도하기
매월 1회	내 사역과 전문성을 정리한 '비전 노트' 업데이트하기

5. 전문가 롤모델 벤치마킹 노트

- 롤모델 이름: ______________________

- 그의 핵심 특징 3가지:

  ① ____

  ② ____

  ③ ____

- 나의 벤치마킹 적용 계획:

  → ____

부록 B7. BQ 루틴 실천 강화 매뉴얼

1. 체력 루틴 7일 챌린지

Day	핵심 루틴 주제	실천 내용
Day 1	수면 회복 루틴	수면 일기를 기록하고 숙면 습관 점검하기
Day 2	물과 호흡 루틴	1.5~2L 물 마시기, 복식호흡 3회 이상 실천
Day 3	식사 감사 루틴	감사 기도 후 천천히 식사하기
Day 4	스트레칭 루틴	아침·저녁 10분 스트레칭 실천
Day 5	자연 리듬 루틴	30분 이상 햇빛 산책 or 자연활동
Day 6	활동 루틴	계단 오르기, 만보 걷기 등 활동 30분 이상
Day 7	몸과 영혼 루틴	몸의 신호 기록, 성전된 몸 돌보기

2. 하루 루틴 실천 예시

시간대	루틴 실천 내용
아침	감사기도, 스트레칭, 복식호흡, 따뜻한 물 마시기
점심 전후	햇빛 산책 또는 계단 오르기 실천
저녁	활동량 점검, 수면 준비, 수면 30분 전 스마트폰 자제

3. 주간 루틴 실천 예시

주기	루틴 실천 내용
주 1회	실천한 건강 루틴 점검 + 새로운 루틴 계획
주 1회	가족/공동체와 함께 건강 활동 시도
주 1회	건강 콘텐츠 1편 읽고 정리
주 3회	30분 이상 유산소 루틴 (걷기, 계단 오르기 등)
주 2회	절제 식사 (조기 마감 또는 소식 실천)

주기	루틴 실천 내용
주 1회	안식 루틴 실천 (카페 안 가기, 예배와 쉼)
주간	감사 표현 3회, 웃음 나누기 1회 이상 실천

4. 월간 루틴 실천 예시

주기	루틴 실천 내용
매월 1회	체력 점검표 작성: 수면 시간, 피로도, 운동량 점검
매월 1회	"쉼과 안식의 날" 지정 – 한 달에 1일은 무계획의 날 운영
매월 1회	건강 서적 한 권 요약 독서
매월 1회	함께 운동할 파트너와 도전 루틴 설계
매월 1회	건강검진 or 영양 체크
매월 1회	건강 루틴과 상태 성찰일지 작성
매월 1회	나쁜 습관 끊기 위한 계획 수립

5. BQ 루틴 실천 일지 양식

- 오늘 내가 실천한 건강 루틴은 무엇인가요?

    → ____

- 오늘 가장 에너지가 높았던 순간은 언제인가요?

    → ____

- 몸이 피로하거나 지친 이유는 무엇이었나요?

    → ____

- 내 몸이 들려준 오늘의 신호는 무엇이었나요?

    → ____

- 내일 실천하고 싶은 새로운 루틴 하나는?

    → ____

부록 C 동기 부여 및 학습 자료

부록 C1. 7Q 루틴 선언문 & 축복기도 모음집

7Q 루틴 선언문

[SQ 선언문]

나는 하나님과의 친밀한 교제를 통해 매일 영적으로 새로워진다.

[PQ 선언문]

나는 하나님의 긍정으로 생각하며 나와 타인을 축복하며 감사한다.

[IQ 선언문]

나는 하나님의 지혜로 나의 생각을 새롭게 한다.

[CQ 선언문]

나는 예수님의 성품을 따라 진실하고 겸손한 인격으로 성장한다.

[NQ 선언문]

나는 모든 사람을 존중하고 건강한 관계를 세워간다.

[EQ 선언문]

나는 맡겨진 일을 탁월하게 감당하며 사명을 완수한다.

[BQ 선언문]

나는 하나님의 성전인 몸을 정결하고 건강하게 관리한다.

• 나만의 7Q 루틴 선언:

____

____

예시: "나는 매일 말씀과 기도로 하루를 시작하며, 주님의 인도하심을 따라 살아가겠

　　　습니다."

7Q 축복기도

[SQ 축복기도]

주님, 오늘도 주님의 말씀으로 저의 영혼을 새롭게 하시고, 성령으로 충만케 하소서.

[PQ 축복기도]

하나님, 모든 상황 속에서 긍정의 눈을 주시고, 감사의 입술을 허락하소서.

[IQ 축복기도]

지혜의 주님, 오늘도 저의 마음과 생각을 열어 하나님의 뜻을 깨닫게 하소서.

[CQ 축복기도]

성령님, 저의 인격이 주님의 성품을 닮아가게 하소서.

[NQ 축복기도]

주님, 제게 화목의 은혜를 주시고, 모든 관계 속에 주님의 사랑을 흘려보내게 하소서.

[EQ 축복기도]

사명의 주님, 저의 손과 발을 사용하셔서 주님의 일을 능력 있게 감당하게 하소서.

[BQ 축복기도]

생명의 주님, 저의 몸과 마음을 건강하게 하시고, 날마다 새 힘을 주소서.

• 나만의 7Q 축복기도:

____

____

예시: "주님, 오늘도 제게 맡기신 일들을 감당할 수 있는 지혜와 체력을 주시고, 만나는 모든 이들에게 긍정의 말을 전하게 하소서.."

부록 C2. 7Q 리더십 및 각 Q별 명언 모음

이 명언 모음집은 각 Q영역별 루틴 훈련에 동기를 부여하고, 리더십의 통찰을 제공하기 위한 인용문 모음입니다. 개인 묵상, 소그룹 나눔, 강의 인용 등에 자유롭게 활용해보세요.

분류	명언	출처/인물
리더십	리더십은 '먼저 나 자신에게 묻는 용기'에서 시작된다.	홍영기
리더십	기도는 내가 하나님을 바꾸는 것이 아니라, 하나님이 나를 바꾸는 시간이다.	코리 텐 붐 (Corrie ten Boom)
리더십	다이아몬드는 모든 면이 깎여야 빛난다. 리더십도 마찬가지다.	홍영기
리더십	하나님의 뜻은 당신이 무엇을 하느냐보다, 어떤 사람이 되느냐에 더 관심이 있다.	달라스 윌라드 (Dallas Willard)
리더십	루틴이 무너질 때, 리더십도 흔들린다. 반복은 사명을 위한 근육이다.	홍영기
리더십	리더십은 열정으로 시작되지만, 습관으로 지속된다.	존 맥스웰 (John Maxwell)
리더십	함께 가는 리더십이 가장 멀리 간다.	진 오던 (Jean Vanier)
리더십	회복의 불씨는 말이 아니라, 삶의 작은 실천에서 타오른다.	디트리히 본회퍼 (Dietrich Bonhoeffer)
소 명	진정한 부르심은, 내가 무엇을 원하는가보다 하나님이 어디로 나를 부르시는가에 달려 있다.	오스 기니스 (Os Guinness)
소 명	하나님이 쓰시는 사람은 먼저 깨어진 사람이다	헨리 블랙커비 (Henry Blackaby)
제자도	제자도는 교회 안에서 완성되지 않고, 삶의 현장에서 검증된다.	프랜시스 챈 (Francis Chan)
제자도	하루 10분의 제자도 루틴이, 평생의 성공 방향을 바꾼다.	크레이그 그로쉘 (Craig Groeschel)

분류	명언	출처/인물
SQ	리더십의 모든 시작은 하나님의 임재를 인정하는 데서 출발한다	에이든 토저 (A. W. Tozer)
SQ	비전과 꿈은 성령 하나님의 언어이다	조용기
PQ	긍정은 걸림돌도 디딤돌로 만든다.	이영훈
PQ	희망을 말하면 희망이 자라고, 믿음을 말하면 믿음이 현실이 된다.	조이스 마이어 (Joyce Meyer)
IQ	독서는 단지 정보를 쌓는 것이 아니라, 하나님의 시선으로 세상을 해석하는 훈련이다.	존 스토트 (John Stott)
IQ	지도자는 끊임없이 배우고 성찰하며, 변화에 앞서야 한다.	하워드 헨드릭스 (Howard Hendricks)
CQ	진정한 인격은 고난과 오해 속에서도 신실하게 반응하는 데서 드러난다.	홍영기
CQ	품격은 당신이 보는 사람이 없을 때 하는 행동이다.	클리브 루이스 (C. S. Lewis)
NQ	세상은 원대한 계획이 아니라, 신뢰와 대화라는 작고 보이지 않는 다리 위에서 움직인다.	장 모네 (Jean Monnet)
NQ	가장 깊은 인간의 필요는 이해받고자 하는 갈망이다.	래리 크랩 (Larry Crabb)
EQ	하나님은 우리에게 은혜를 주시지만, 우리는 그 은혜를 실력으로 증명해야 한다.	홍영기
EQ	하나님의 부르심은 탁월함을 위한 끊임없는 훈련을 요구한다.	케네스 해긴 (Kenneth Hagin)
BQ	무너진 몸(체력)은 결코 무릎(영성)을 지탱하기 힘들다.	홍영기
BQ	우리는 성령의 성전으로 지어졌으니, 몸을 귀하게 관리해야 한다.	존 파이퍼 (John Piper)

Q "이 명언을 나의 7Q 루틴(혹은 실천)에 어떻게 적용할 수 있을까요?"

부록 C3. 7Q 수료 후의 리더십 여정

– 훈련을 넘어, 함께 사는 리더십의 길로

"7Q 훈련은 끝이 아니라, 이제 사명으로 걸어가는 새로운 시작입니다. 이제 당신은 혼자가 아니라, 7Q 여정을 함께 걸은 이들과 연결된 '루틴 동역자'입니다. 반복은 인격을 만들고, 루틴은 사명을 완성합니다."

함께 실천하는 공동체 루틴 만들기

- 수료한 소그룹이나 리더들과 '7Q 실천 나눔 모임'을 정기적으로 운영해 보세요.
- 월 1회, 각자의 Q 루틴 실천 경험을 공유하며 격려와 피드백의 루틴을 세워가세요.
- 함께 나누면 혼자일 때보다 지속 가능성이 높아집니다.

나눔 질문 예시

- "이번 달 실천한 Q 중 가장 의미 있었던 루틴은 무엇이었나요?"
- "지금 내게 회복이 필요한 Q는 무엇이며, 어떤 루틴을 다시 세울 수 있을까요?"
- "나의 루틴 실천이 공동체에 어떤 긍정적 영향을 주었나요?"

가정, 직장, 사역 현장에 적용하기

- 수료한 7Q 루틴은 단지 개인적 습관이 아니라 사역과 삶 전반의 리더십 도구입니다.
- 다음과 같은 영역에 적용해 보세요(예시):

적용 영역	루틴 아이디어
가족 양육	PQ 루틴으로 자녀 격려 일기 작성하기
사역 리더십	EQ 루틴으로 예배팀 역할 훈련 매뉴얼 설계
공동체 소통	CQ 루틴으로 회복적 대화와 갈등 예방 코칭

GLIM &
7Q 리더십 아카데미

7Q 기반 전인적 리더십 생태계

1. GLIM 소개

기반으로 복음과 희망으로 세상을 섬기는 글로벌 리더를 세우는 전인적 리더십 선교 플랫폼입니다. GLIM은 SQ(영성), PQ(긍정성), IQ(지성), CQ(인성), NQ(사회성), EQ(전문성), BQ(체력)의 7Q 리더십 모델을 중심으로 지식 전달에 머물지 않고 실천과 변화가 일어나는 리더십 생태계를 구축하고 있습니다.

2. GLIM 7Q 리더십 아카데미

GLIM 7Q 리더십 아카데미는 하나님 나라의 사명을 감당할 전인적 리더를 체계적으로 양성하는 핵심 훈련 플랫폼입니다.

  * 교육 특징
    7Q 통합 리더십 역량 개발(SQ~BQ)
    TTP 시스템: 이론(Theory) – 훈련(Training) – 실천(Practice)
    1급 → 코치 → 마스터 단계별 인증 체계
    주제 강의, 멘토링, 워크숍, 진단, 코칭, 팀 프로젝트
    글로벌 현장 실습 & 디지털 성장 플랫폼 운영

  * 사역 적용
    교회 리더십 훈련
    청년/캠퍼스 제자훈련
    선교지 지도자 양성
    공공 및 NGO 리더 교육

GLIM 7Q 리더십 아카데미의 비전은 "복음과 희망으로 세상을 변화시키는 리더"를 일으키는 것입니다.

3. 7Q 기반 세대별 · 분야별 핵심 사역

- **GLIM 다리연 (다음세대리더십연합: Next Generation Leadership Bridge)**
  - 다음 세대의 영성과 리더십 기초 형성 사역
  어린이·청소년을 위한 7Q 영성·리더십 훈련 운동
  요셉 리더십 학교 & 캠프
  Bloom(교육) · Bless(예술) · Bridge(멘토링) 3B 융합 구조
  세대 통합 및 교회 연합형 훈련 플랫폼

- **GLIM 에클즈 (EKLS: Emerging Kingdom Leaders Summit) 차세대 하나님**
  나라의 지도자 모임 및 훈련
  청년 리더십 성장과 사명 발견을 위한 전문 프로그램
  비전 멘토링, 현장 탐방, 글로벌 미션 네트워킹
  인재 발굴, 직업·사명 연결, 세대 간 리더십 연계

- **GLIM 지클라 (GCLA: GLIM Christian Lecturers' Alliance,**
  글림크리스천강사협의회)
  전국 크리스천 강사들의 영성 네트워크

"Illuminate the World through Teaching"
(가르침의 빛으로 세상을 밝히라)
크리스천 강사 네트워크 + 양성 + 사역 파송
강사 아카데미(기초→전문→코치) 운영
히타포 포럼, 강의 코칭, 영성캠프, 순회사역

GLIM 7Q 코칭 트랙 안내

7Q 셀프 리더십 시리즈는 다음과 같이 3단계 훈련과정으로 구성되어 있습니다.

교재 및 과정	대 상	핵심 내용	비 고
1급 훈련 워크북 『7Q 셀프 리더십 학교』	개인, 일반 리더	7Q 루틴 실천, 자기 점검, 사명 정립	기본 과정 / 셀프 리더십 기초 훈련
코치 훈련 워크북 『7Q 리더십 코치 학교』	셀장, 교사, 그룹 리더, 리더십 코치	코칭 실습, 그룹 훈련 법, 피드백 루틴	중급 과정 / 실전 코칭 및 리더 훈련
마스터 훈련 워크북 『7Q 리더십 마스터 학교』	강사, 지도자, 코치 양성자	커리큘럼 설계, 강의법, 지도자 훈련	고급 과정 / 트레이너 및 교육자 과정

"7Q 훈련은 끝이 아닌 사명을 향한 시작입니다 사명을 따라 걷는 당신의 리더십 여정에, GLIM 7Q 리더십 아카데미가 기쁨으로 함께 동행하겠습니다."

전인적 리더를 세우는 7Q 루틴 훈련

7Q 셀프
리더십 학교

7Q 리더십 지도사 1급 훈련 워크북

7Q 셀프 리더십 학교
– 7Q 리더십 지도사 1급 훈련 워크북
7Q Self-Leadership School - Level 1 Training Workbook

초판 1쇄 발행 | 2025년 12월 29일
저　　자 | 홍영기 (Young-Gi HONG)
기 획 · 편 집 | 7Q리더십연구원
발 행 인 | 홍영기
발 행 처 | 글림리더십출판센터
출 판 사 | 글림출판사(GLIM PRESS)

등 록 번 호 | 281-93-02216
주　　소 | 경기도 김포시 장기동 1929-3
전　　화 | 010-6740-4739
이 메 일 | glimleadership@gmail.com
홈 페 이 지 | www.glimleadership.org
디 자 인 | 인권앤파트너스

I S B N | ISBN 979-11-995698-4-3
책 가격은 뒤표지에 있습니다.

GLIM PRESS는 글로벌리더십선교회(GLIM) 산하의 글림리더십출판센터가 운영하는
공식 출판 브랜드입니다. 7Q 리더십 훈련 콘텐츠와 신학적·선교적·교육적 자료를 연구·발행합니다.